ÉTONNANTS • CLASSIQUES

MOLIÈRE

Dom Juan

Présentation, notes et dossier par
ANNE PRINCEN,
professeur de lettres

Cahier photos par
ÉLISE SULTAN,
professeur de l…

GF Flammarion

Le théâtre de Molière
dans la même collection « Étonnants Classiques » :

L'Amour médecin, Le Sicilien ou l'Amour peintre
L'Avare
Le Bourgeois gentilhomme
Dom Juan
L'École des femmes
Les Femmes savantes
Les Fourberies de Scapin
George Dandin
Le Malade imaginaire
Le Médecin malgré lui
Le Médecin volant. La Jalousie du Barbouillé
Le Misanthrope
Les Précieuses ridicules
Le Tartuffe

Édition revue, 2012.
ISBN : 978-2-0812-7912-4
ISSN : 1269-8822

SOMMAIRE

PRÉSENTATION

À l'égal de Faust, Don Juan[1] est un mythe occidental moderne qui n'en finit pas de trouver des résonances idéologiques dans les époques successives que la postérité lui fait traverser. Après la pièce de Tirso de Molina, *L'Abuseur de Séville* (1630), celle de Molière (1665) a largement favorisé – sinon fondé – la fortune de cette fable, en donnant à son personnage éponyme la carrure d'un héros redoutable et fascinant, séduisant et amoral. Faut-il voir en Dom Juan le champion d'une révolte pour la liberté ou le dangereux trouble-fête de l'ordre social ? Le mythe marque-t-il la naissance d'un individualisme revendicatif, affranchi des dogmes et des institutions, ou bien épingle-t-il la démesure du désir humain quand nul devoir ne le borne ?

Toujours équivoque, la pièce a permis une multitude de variations, de réécritures et d'interprétations qui ne sont jamais parvenues à épuiser l'énigmatique richesse du texte.

Le destin de *Dom Juan*

Des débuts censurés

Dès la création de la pièce, le 15 février 1665, le duo comique que composent le maître et le valet n'est pas du goût de tous. Si les recettes de la soirée sont appréciables, les réactions sont

1. Par convention, nous désignerons par « Don Juan » le mythe préexistant à la pièce de Molière, par « *Dom Juan* » la pièce de Molière, et par « Dom Juan » son héros éponyme.

très vives. Lors de la représentation suivante, sans que l'on sache quelle véritable pression s'est exercée sur le dramaturge, la pièce est montée dans une version expurgée. La scène subversive, dite « du pauvre », au cours de laquelle Dom Juan cherche à tout prix à faire blasphémer un ermite, a été tronquée ; et Sganarelle cesse de réclamer impudemment ses gages après le châtiment ultime qui a frappé son maître, rendant ainsi au dénouement toute sa pureté sacrée. Malgré ces coupes et l'engouement notoire du public, la cabale ne faiblit pas : à peine quinze représentations ont-elle eu lieu que la pièce est définitivement retirée de l'affiche le 20 mars et que, le mois suivant, sous le titre *Observations sur une comédie de Molière intitulée Le Festin de Pierre*[1], paraît un violent pamphlet qui reproche au dramaturge « d'avoir exposé la foi à la risée publique et donné à tous ses auditeurs des idées du libertinage et de l'athéisme ». Les attaques les plus vives viendront d'un parti inattendu : le prince de Conti, ancien protecteur provincial de la troupe de Molière lors de son séjour languedocien[2], assène le coup de grâce critique. Dans son *Traité de la comédie*, publié en 1666, ce récent converti au jansénisme[3] dénonce le bouquet final d'un châtiment bien tard venu qui, au dernier acte, fait tonner la foudre et jaillir l'éclair. Selon lui, ce *deus ex machina* met en branle une mécanique céleste plutôt qu'il n'exprime la transcendance divine et produit un effet plus spectaculaire qu'édifiant. Le haut dignitaire s'en prend aussi au choix du personnage de Sganarelle,

---

1. B.A., Sieur de Rochemont, avocat du Parlement, Paris, N. Pépingué, 1665.

2. Voir la biographie de Molière dans la chronologie, p. 41, et dans le dossier, p. 135.

3. ***Jansénisme*** : doctrine catholique inspirée par l'augustinisme – pensée de saint Augustin, évêque d'Hippone, docteur et Père de l'Église (IVe-Ve siècles) –, selon laquelle seuls les quelques élus qui ont reçu la grâce divine peuvent être sauvés (théorie de la Grâce et de la prédestination), tandis que la majorité des hommes est promise à la damnation, quelle que soit la nature des actes commis pendant la durée de l'existence.

à qui « l'auteur confie la cause de Dieu » en lui faisant dire « pour la soutenir, toutes les impertinences du monde ». Cet acharnement est d'autant plus troublant que, depuis Pâques 1665, la pièce n'a plus été rejouée. Malgré la réplique de plusieurs partisans de Molière[1], qui opposent la nécessité comique du texte aux accusations d'impiété, il faudra attendre douze ans pour qu'une version de *Dom Juan*, expurgée et versifiée par les soins de Thomas Corneille[2], reparaisse à l'affiche, en 1677, soit quatre ans après la mort de l'auteur.

Une étoile filante dans le Grand Siècle

Sans doute atteint par la virulence des attaques qu'on lui adresse (certains libelles sont de véritables appels au meurtre)[3], aguerri par les précédents qui ont conduit à l'interdiction du *Tartuffe* (1663-1664), et surtout soucieux de ne pas compromettre la protection du roi dont la troupe devient l'heureuse bénéficiaire dans le courant de l'année 1665, Molière se garde bien de riposter. Il renonce même au privilège royal qui l'autorise à faire publier son texte. La pièce semble tout bonnement réduite au silence, en partie avec la complicité de son auteur. Ce troublant déni de paternité de la part de Molière reporte sur l'œuvre elle-même tout le poids de la condamnation du fils débauché par la noble figure du père (rappelons qu'une version antérieure de la fable, donnée en 1659 par Dorimond, s'intitulait tout simplement

---

1. Notamment dans une *Réponse aux observations touchant Le Festin de Pierre de Monsieur de Molière*, parue en juillet 1665, et ensuite dans *La Lettre sur les Observations*, en août de la même année.

2. Thomas Corneille est le frère de Pierre, l'auteur du *Cid*.

3. Tel ce sonnet anonyme qui circule dans Paris et qui fut composé après la représentation de *Dom Juan* (1665) : « Tout Paris s'entretient du crime de Molière/Que toujours ses yeux soient privés de lumière/[...] Il faudrait qu'il fût mis entre quatre murailles/[...] Qu'un vautour jour et nuit déchirât ses entrailles. » Cité par Robert Horville, dans le manuel Hatier, *Itinéraires littéraires* XVIIe *siècle*.

Le Festin de Pierre, ou le Fils criminel). Bâtarde et répudiée, la pièce *Dom Juan* n'en connaîtra pas moins une florissante postérité.

Comme s'il était doué d'une volonté propre et d'un farouche esprit d'indépendance, à l'instar de son insolent héros, le texte échappe aux contrôles qu'on entend lui imposer. C'est en Hollande, dans la patrie de la liberté d'expression, qu'il conquiert une nouvelle existence : en 1683, une version intégrale de la pièce est éditée à Amsterdam. Mais il faudra attendre 1819 pour une publication en France, et 1841 pour une représentation sur scène conforme au texte d'origine. Six ans plus tard, en 1847, la pièce entre enfin au répertoire de la Comédie-Française. Entre-temps, c'est la version édulcorée de Thomas Corneille qui a prévalu.

Écrit en prose en un temps très bref, dérogeant à toutes les règles dramatiques et aux bienséances du théâtre classique, cet objet littéraire non identifié qu'est *Dom Juan* a donc traversé l'horizon du Grand Siècle à la vitesse d'une étoile filante. Mais si la censure en a fait une véritable météorite dans la constellation des comédies de Molière, la pièce n'en a pas moins fasciné des générations successives et cheminé durablement dans les consciences de l'époque moderne.

Postérité de l'œuvre et du mythe

Au XVIIIe siècle

Au XVIIIe siècle, et en particulier sous la Régence, l'influence croissante du libertinage de mœurs, dont Dom Juan s'est fait l'apôtre, gagne certains cercles d'aristocrates désœuvrés. Dans *Les Égarements du cœur et de l'esprit*, roman de Crébillon fils paru en 1737, Versac inaugure la figure licencieuse du débauché, qui, en amour, goûte autant la manipulation et les faux-semblants que la conquête elle-même. Le vicomte de Valmont et la marquise de Merteuil, les roués dont Choderlos de Laclos a brossé le sulfureux portrait dans son roman épistolaire *Les Liaisons dange-*

reuses, sont, par leur goût immodéré de la séduction et le mépris cynique auquel ils condamnent leurs victimes, les dignes héritiers du « grand seigneur méchant homme » de Molière. Sainte-Beuve a analysé avec brio cette communauté de tempérament dans les *Nouveaux Lundis* :

> Le Don Juan de Molière est autant un libertin qu'un impie ; il y a un fonds de méchanceté en lui, comme aussi chez Lovelace[1] ou chez le Valmont de Laclos. Il existe dans ces caractères, avec des nuances diverses, une base d'orgueil infernal qui se complique de recherche sensuelle, une férocité d'amour-propre, de vanité, et une sécheresse de cœur jointe au raffinement des désirs, et c'est ainsi qu'ils en viennent vite à introduire la méchanceté, la cruauté même et une scélératesse criminelle, jusque dans le plus doux des penchants, dans la plus tendre des faiblesses. Exécrable race, la plus odieuse et la plus perverse (t. VII, lundi 2 mai 1864).

Derrière chaque menée d'un Valmont, chaque conquête d'une Merteuil, on devine l'ombre tutélaire du personnage de Molière ; dans les protestations d'honneur, la chute et le dépérissement mortifié d'une Mme de Tourvel[2], on retrouve aussi quelques-uns des accents pathétiques de Done Elvire. Mais les libertins du siècle des Lumières n'empruntent pas seulement à Dom Juan sa scélératesse. Ils portent également à un degré suprême l'art de la dissimulation requise par la profession de séducteur impénitent. Ils excellent dans cette politesse hypocrite qui déguise leurs perverses manipulations aux yeux de la société.

C'est à l'opéra, dans le livret que Lorenzo Da Ponte compose pour *Le Libertin puni, ou Don Giovanni*, de Mozart, en 1787, que s'incarne l'un des plus célèbres avatars du mythe de Don Juan. Principalement inspiré de la pièce espagnole de Tirso de Molina, ce *drama giocoso* (« drame joyeux ») cultive lui aussi le mélange

1. Héros séducteur du roman de Richardson *Clarisse Harlowe* (1748).
2. Victime du vicomte de Valmont qui la séduit, dans *Les Liaisons dangereuses*.

des tons et des genres et atteint un paroxysme d'ambiguïté. À telle enseigne que si les uns ont pu saluer en lui le couronnement baroque du mythe, placé sous le signe de l'exubérance hédoniste[1] et de l'affranchissement prérévolutionnaire, d'autres y ont lu une allégorie chrétienne sur la nature pécheresse de l'homme. Auteur d'un *Don Juan, mythe littéraire et musical*[2], Jean Massin considère que l'œuvre de Mozart est traversée d'un tel appétit de jouissance, d'une telle ivresse de l'instant, qu'elle préfigure, au-delà de la liberté révolutionnaire, les tentatives romantiques de conjurer la fuite du temps. Au contraire, Pierre Jean Jouve, dans son analyse de l'opéra *Le Don Juan de Mozart*[3], souligne la dimension puissamment édifiante du récit du librettiste italien. Errance morale, dont le terme est incessamment différé, l'itinéraire du héros ne vaut plus que pour le châtiment exemplaire qu'il endure, comme incite à le penser la longueur de la scène finale, bien supérieure au bref dénouement de la comédie de Molière. L'exégète catholique l'interprète comme « l'intervention directe de la puissance divine après une longue impunité accordée au péché ». Une telle richesse d'interprétation a de quoi rendre le lecteur perplexe. En réalité, comme nous le verrons, elle était déjà en germe dans la version de Molière.

Au XIXe siècle

Dans la lignée du chef-d'œuvre de Mozart, on ne saurait recenser tous les avatars lyriques ou littéraires qui, au XIXe siècle, consacrèrent la postérité du mythe fixé par le moine castillan, Tirso de Molina, et par le dramaturge français. De Pouchkine à Nikolaus Lenau en passant par Mérimée, Dumas et Byron, plusieurs centaines d'artistes européens, parmi lesquels quelques

1. ***Hédoniste*** : qui érige en principe de morale la recherche du plaisir et la satisfaction des sens.
2. Stock, coll. « Musique », 1979.
3. Genève, Egloff, 1944.

poètes romantiques, se sont emparés de cette figure insaisissable de libertin tragique et drôle[1].

Avec E.T.A. Hoffmann (1776-1822) s'ébauche la dimension romantique du mythe. Dans son « conte musical », publié en 1814 dans le recueil *Fantaisies à la manière de Callot*, le maître du fantastique allemand se livre à une interprétation décisive de l'œuvre de Mozart. Le personnage de Don Juan devient l'allégorie prométhéenne[2] de l'humaine condition. Son amour des femmes, loin de relever d'un hédonisme vulgaire, est l'expression d'une soif d'absolu ; son appétit sensuel devient le signe de sa supériorité sur le commun des mortels. Sa quête éperdue du désir amoureux est celle d'un artiste maudit avant l'heure et l'instrument de sa rébellion contre l'ordre trivial des réalités, contre un Créateur, pervers et détesté, qui ne laisse jamais l'homme libre de son destin et ne lui offre aucune chance d'assouvissement. Sa damnation est la preuve de sa grandeur et de sa révolte.

Sans l'excuser, Baudelaire confère lui aussi une aura romantique à l'« esprit fort » du grand seigneur méchant homme, dans un admirable poème des *Fleurs du mal* intitulé « Don Juan aux Enfers[3] ». En campant cette inflexible silhouette qui traverse le Styx, au côté d'un Charon « fier comme Antisthène », le poète donne à la légende la dimension d'un mythe antique. Dans ces Enfers païens, Don Juan échappe enfin au châtiment chrétien et se dote d'une héroïque atemporalité. Fidèle épigone de Molière,

---

1. Le *Dictionnaire des figures et des personnages*, de Claude Aziza, Claude Olivieri et Robert Strick (Garnier, 1981), recense environ quatre cents œuvres consacrées à ce mythe en Europe.

2. L'adjectif « prométhéen » qualifie toute action animée par la volonté d'affranchir l'homme de la servitude, à l'image de celle qu'accomplit Prométhée, héros mythologique de l'Antiquité grecque, qui déroba le feu à Zeus pour en faire don aux hommes. En guise de punition, il fut enchaîné au sommet du Caucase, où un aigle lui dévorait le foie, qui repoussait sans cesse. Symbole de la soif de connaissance des hommes, il incarne un désir d'émancipation et de progrès.

3. Voir dossier, p. 147.

Baudelaire ne laisse aucunement le lecteur pénétrer le for intérieur de cette énigme faite homme, mais il insiste sur le calme sublime avec lequel il accepte sa damnation. C'est sans doute cette transposition audacieuse du mythe moderne dans l'univers du paganisme antique et de ses infernaux abîmes qui marque le sommet de l'inspiration donjuanesque au XIXe siècle.

Au XXe siècle

Au XXe siècle, les adaptations du mythe ne manquent pas : O.V. de L. Milosz (1911-1912), Brecht (1954), Montherlant (1958) en ont donné de remarquables. Les commentaires sont également légion mais, la plupart du temps, l'exégèse moderne ne fait que confirmer la réhabilitation romantique dont le mythe a fait l'objet en soulignant sa morale tragique : l'exercice de la liberté humaine n'est pas compatible avec la soumission à la transcendance divine.

Les existentialistes suppriment la dimension religieuse du mythe ; pour Albert Camus[1] en particulier, Don Juan est un séducteur ordinaire mais lucide, mu par une éthique de la quantité. Parce qu'il ne croit pas au sens profond des choses, il épuise les femmes et le temps que sa vie lui offre, et incarne cette conscience de l'absurde qui fait la condition de l'homme moderne. Contrairement au saint ou à l'amant qui n'ont pas renoncé à l'absolu et qui aspirent à la qualité, Don Juan a intégré cette fatalité de l'existence humaine.

Pour Denis de Rougemont, auteur du *Mythe dans la littérature* (1939), Don Juan, antithèse absolue de Tristan, est une sorte de faire-valoir de la morale courtoise dont il offre l'exact opposé. Son amour du crime est indissociable de l'éthique occidentale de l'amour qu'il ne cesse de profaner. À la candeur et à la courtoisie, il oppose la noirceur et la scélératesse : « Don Juan est le démon

1. « Le donjuanisme », *Le Mythe de Sisyphe*, Gallimard, 1942.

de l'immanence pure[1], le prisonnier des apparences du monde, le martyr de la sensation de plus en plus décevante et méprisable – quand Tristan est le prisonnier d'un au-delà du jour et de la nuit, le martyr d'un ravissement qui se mue en joie pure à la mort[2]. »

Les metteurs en scène donnent également une nouvelle vigueur à la comédie de Molière. De Louis Jouvet (1947) à Patrice Chéreau (1969), en passant par Jean Vilar (1953) et Marcel Bluwal (1965), l'après-guerre voit fleurir plusieurs représentations admirables qui ont largement contribué à la fortune du texte. Dans sa propre mise en scène, Louis Jouvet campe un Grand d'Espagne au costume féodal – fraise considérable et passementeries à l'appui – dont la damnation, lugubre et interminable, confère au texte une véritable ambition de moraliste. L'excès de panache, qui chez le grand comédien risquait de grimer le personnage en Matamore[3], y est habilement contenu par un rythme solennel et majestueux qui donne à la pièce des allures de marche funèbre. Sganarelle, à ses côtés, interprété par Fernand-René, un acteur comique venu du music-hall, « n'est que le faire-valoir gémissant de son maître ; sorte de lapin bredouillant et effrayé, il ne peut qu'assister, impuissant, à la damnation de celui pour qui l'amour n'est qu'un prétexte, et qui n'a de comptes à rendre qu'à Dieu[4] ». Cette interprétation s'inscrit donc dans la droite ligne de la vision baudelairienne.

Chez Vilar, au contraire, la superbe de Dom Juan est un peu rabaissée. Les deux partenaires se partagent plus équitablement l'affiche, Sganarelle, joué par Daniel Sorano, accédant, au côté d'un

1. Dom Juan nie toute forme de transcendance, c'est-à-dire de divinité ou de principe spirituel supérieur, et ne croit qu'à l'immédiateté du monde dans lequel il vit. Il ne conçoit aucune forme de salut ou de damnation et n'envisage que des conséquences immédiates et sans gravité aux actions qu'il commet.

2. « L'amour et l'Occident », *Le Mythe dans la littérature*, Plon, 1939.

3. ***Matamore*** : personnage de comédie qui incarne le faux brave, le fier-à-bras, vantard et fanfaron.

4. Maurice Mourier dans son édition de *Dom Juan*, Presses Pocket, 1999.

Dom Juan joué par Vilar lui-même, à une profondeur humaine et à une qualité d'émotion rarement atteintes. Le dépouillement des décors, la scène sculptée par les seules colonnes d'ombre et de lumière accentuent le face-à-face et opposent l'humaine et tendre lucidité du valet à l'insolent aveuglement du mousquetaire frondeur et sceptique.

Quant à Bluwal, il eut l'idée de génie de confier le rôle-titre à Michel Piccoli, qui sut être séducteur en diable, et celui de Sganarelle à Claude Brasseur, émouvant et grave à la fois. L'adaptation télévisuelle de la pièce permit par ailleurs des changements de décor fréquents et une mobilité tout à fait conforme aux mouvements de fugue qui animent l'œuvre de Molière. Très volontiers, le réalisateur place ses protagonistes dans de vastes espaces monumentaux (les écuries du haras de Chantilly, les salines royales d'Arc-et-Senans) ou naturels (le bord de mer) qui, tout en ayant l'air de s'offrir à leur désir de fuite, soulignent leur dérisoire petitesse dans l'inscription du plan.

Plus récemment, Antoine Vitez (1978), Roger Planchon (1980), Jacques Lassalle (1993) et Daniel Mesguich (2002) se sont illustrés dans la mise en scène du texte. Les fantaisies du dernier, tantôt poétiques tantôt burlesques – à l'acte II, le paysan Pierrot est un Pierrot lunaire de la *commedia dell'arte* ; à l'acte III, Sganarelle apparaît en infirmière plutôt qu'en habit de médecin –, n'égalant pas, loin s'en faut, le parti pris classique d'un Lassalle en 1993 pour la Comédie-Française.

Joseph Losey, quant à lui, donna en 1979 une version cinématographique de l'opéra de Mozart qui, grâce aux prestations de Ruggero Raimondi, José Van Dam et Kiri Te Kanawa, atteint un sommet de l'art lyrique dans l'histoire de l'interprétation de l'œuvre.

Ambiguïté et richesse d'interprétation

D'où vient cette inépuisable plasticité de la pièce ? De quelle mystérieuse substance dramatique Dom Juan est-il fait pour ainsi devenir sur les planches un Protée insaisissable et ondoyant ? Scandaleuse effigie d'une noblesse de cour désœuvrée, abominable d'impiété au XVIIe siècle, il devient au XVIIIe siècle tour à tour le champion d'un idéal prérévolutionnaire et le symbole de l'homme déchu, avant d'incarner enfin, pour les romantiques, un héros sublime et incompris en rébellion contre les forces aliénantes de la société et des institutions. À chaque époque, l'ambiguïté du texte de Molière a suscité une inépuisable multitude de lectures et d'interprétations. À l'adage horatien *comœdia castigat ridendo mores*[1], qui se traduit partout ailleurs dans l'œuvre de Molière par une dénonciation claire du vice dans la peinture d'un personnage ridicule (l'avarice d'Harpagon, l'arrivisme de monsieur Jourdain, la naïveté benoîte d'Orgon, l'hypocondrie maniaque d'Argan), et qui requiert un équilibre subtil du plaire et de l'instruire, se substituent ici une trouble séduction et une ambiguïté extrême.

Plutôt que de s'attacher aux aléas de la réception de l'œuvre, tributaire des évolutions idéologiques, qui déplacent la complexité de la pièce plutôt qu'elles ne la résolvent, ne devrait-on pas chercher la source de cette perpétuelle fuite du sens dans la composition dramatique de la pièce et dans sa genèse même ?

Une irrégularité géniale

Dès l'origine, l'écriture du *Dom Juan* de Molière est placée sous le signe de la dissimulation et de l'équivoque, et non sous celui

1. « La comédie corrige les mœurs par le rire. »

de l'urgence, comme le veut une légende obstinée de l'histoire littéraire. S'il est vrai que le dramaturge doit pallier l'interdiction de représenter *Tartuffe*, qui prive inopinément la troupe de ses revenus, et que la composition de *Dom Juan* obéit à une relative rapidité, il n'en demeure pas moins que les choix dramaturgiques de Molière ne sont pas simplement dictés par la nécessité. Si l'auteur délaisse la règle canonique des trois unités, s'il préfère une prose souple et fluide à la régularité de l'alexandrin, ce n'est pas par facilité mais bien pour servir une intrigue dont l'essence mouvante et subtile nécessite une dramaturgie plus labile que le carcan du théâtre classique. Loin d'être un accident, un écart sur le chemin qui mènera l'auteur du *Misanthrope* à la perfection classique de la grande comédie en vers, *Dom Juan* est bel et bien un monument baroque dont la réussite tient à l'impossibilité où il place le spectateur de le circonscrire et d'en extraire un sens clair. L'irrégularité géniale de cette comédie sert la profonde ambiguïté de sa morale : le choix de la prose, la variété des registres, la présence du merveilleux et le goût du paradoxe confèrent à cette pièce l'éternité du mythe littéraire, l'indépendance énigmatique du sphinx.

Larvatus prodeo [1]

Molière, docteur des mœurs

La cabale des dévots ayant eu raison de sa dénonciation de l'hypocrisie religieuse incarnée par Tartuffe [2], Molière se doit de

1. « Je m'avance masqué », telle fut la devise de Descartes. Après la condamnation de Galilée par l'Église catholique en 1633, René Descartes redoubla de précautions quant aux dimensions de son œuvre qui pouvaient heurter la théologie.
2. *Le Tartuffe* est une comédie de Molière créée en 1664, dans laquelle le dramaturge dénonce la pratique d'un parasite qui, sous couvert de piété et de dévotion, s'introduit dans le foyer d'un bourgeois parisien pour y réformer les mœurs de la maisonnée. Non content de vivre aux dépens de son hôte Orgon, l'intriguant Tartuffe abuse de son autorité morale sur ce dernier pour tenter d'obtenir sa fille

contourner la censure pour mener à bien sa tâche morale. Le choix d'une pièce connue de tous grâce aux adaptations de la *commedia dell'arte* et aux versions qu'en donnèrent avant lui Dorimond et Villiers en 1659 sous le titre *Le Festin de Pierre, ou le Fils criminel* et dont l'argument relève du merveilleux chrétien, met normalement Molière à couvert de toute accusation d'impiété ou de subversion. Les adaptations précédentes peuvent en effet laisser escompter une certaine impunité. En outre, en mettant en scène un libertin sans scrupule puni par le châtiment divin, l'auteur de *Dom Juan* fait coup double : il réjouit un public friand des effets spéciaux que ménage le théâtre à machines et, en montrant le parcours d'un véritable pécheur endurci, il se dédouane de l'accusation de libertinage dont les dévots l'ont chargé. Rien de commun décidément entre la figure de profanation souveraine incarnée par Dom Juan et celle du *morum doctor*[1] – docteur des mœurs –, contraint, pour écrire son œuvre, de peindre certains écarts, d'observer le dessous des apparences. Molière entend congédier définitivement le soupçon de sensualisme impie qui pèse sur lui depuis qu'au collège de Clermont il a fréquenté Bernier et Gassendi[2]. Il a d'ailleurs pris soin, dans sa pièce, de faire traverser à sa créature tout le spectre libertin de la vilenie morale : séducteur incorrigible dans les deux premiers actes, il se montre libre penseur dans le troisième acte, fils indigne et escroc patenté dans le quatrième, et enfin redoutable athée et épouvantable hypocrite dans le dénouement. À la débauche érotique, il ajoute l'athéisme et le vice hypocrite.

---

en mariage, devenir son unique héritier aux dépens du fils de la maison et, en sus, séduire Elmire, son épouse.

1. ***« Pictor ergo morum doctor »*** : « peintre donc docteur des mœurs », en latin ; adage humaniste cité par Georges Forestier dans *Molière en toutes lettres*, Bordas, 1993, p. 56.

2. ***Bernier et Gassendi*** : respectivement médecin et savant français responsables de l'introduction du matérialisme en France.

Le faux dévot sous le libertin

Toutefois il ne suffit pas de se défendre : il faut contre-attaquer. *Dom Juan* ne saurait se réduire à un plaidoyer *pro domo.* C'est aussi une riposte acerbe de la part de Molière qui n'a pas renoncé à décrier les hypocrites : « toutes les friponneries couvertes de ces faux-monnayeurs en dévotion, qui veulent attraper les hommes avec un zèle contrefait, et une charité sophistique[1] ». Pour contourner la virulence de ses censeurs, il feint cependant de changer de sujet et adopte une stratégie oblique des plus habiles. Alors qu'on pourrait le croire tout uniment occupé de dénoncer les errances du libertinage, il introduit, comme en contrebande, le thème de l'hypocrisie. À leur plus grande surprise en effet, les spectateurs découvrent, au début de l'acte V, un Dom Juan habité par le repentir. Il leur faut alors faire l'hypothèse d'une conversion spectaculaire dans l'intervalle de l'ellipse entre l'acte IV et l'acte V pour raccorder l'insolence effrontée du fils envers son père ainsi que l'attrait cavalier de l'amant pour Elvire de l'acte IV (respectivement scènes 4 et 6) à la figure de contrition « revenu[e] de toutes [ses] erreurs » qui ouvre l'acte suivant. Cette péripétie morale, seul véritable retournement dramatique dont Dom Juan soit l'objet au fil de la pièce, pouvait laisser croire un instant au public contemporain que Molière avait décidé de rompre avec la tradition du mythe pour représenter un Dom Juan *in fine* soucieux de son salut et capable de s'amender. La scène suivante détrompe brutalement le spectateur en lui révélant la profession de foi de l'hypocrite qui, par commodité sociale, a décidé de porter le masque du dévot. Cette grimace, cette contrefaçon de la piété religieuse est d'autant plus ricanante qu'elle se dissimule dans un pli dramatique de la pièce.

Comédie dans la comédie, faux-semblant de dernière minute, l'éloge paradoxal de l'hypocrisie, ce vice à la mode, recentre la

---

1. Ainsi Molière énonce-t-il l'ambition morale de son théâtre au lendemain de l'interdiction du *Tartuffe* et à la veille de *Dom Juan* dans son *Premier Placet au roi*, en août 1664.

mire de Molière sur la cible des dévots. En dénonçant ceux « qui se font un bouclier du manteau de la religion, et sous cet habit respecté ont la permission d'être les plus méchants hommes du monde », Molière porte au parti de ses ennemis un coup autrement sévère qu'en les peignant sous les traits du grossier Tartuffe. Le dramaturge suggère que, sous le couvert de la dévotion, s'abritent des âmes bien plus inquiétantes que celle du parasite sensuel qui prenait demeure chez Orgon. Si Tartuffe poursuivait de très égoïstes intérêts en contrefaisant la piété (richesse, séduction, confort matériel), du moins, à aucun moment ne pénétrait-on le calcul machiavélique de ses agissements. Au contraire, avec Dom Juan, les avantages de cette pratique fallacieuse sont détaillés par le menu, dans la scène 2 de l'acte V, où le libertin baisse le masque avec morgue et cynisme : respectabilité, impunité, bienveillance des autres « faux-monnayeurs en dévotion » sont autant de bienfaits de ce « vice à la mode » dont Dom Juan revendique la maîtrise. Habilement, Molière a fait de ce nouveau forfait l'aboutissement et le couronnement de la carrière vicieuse du « grand seigneur méchant homme » : il sous-entend ainsi que le détournement de la religion à des fins d'intérêt privé est la plus grande de toutes les abjections. Dans cette perspective, le châtiment final qui sanctionne la démesure impie du personnage frappe aussi, par contagion, les dévots dont il a adopté le langage à la fin de la pièce.

Trois variations sur le thème de l'hypocrisie

L'importance concédée au thème de l'hypocrisie religieuse et de la fausse dévotion est d'autant plus légitime que *Dom Juan*, dans le *corpus* des œuvres de Molière, s'inscrit entre *Le Tartuffe* et *Le Misanthrope*, deux pièces portant aussi sur le mensonge social et son corollaire, la sincérité. Il est tentant de voir dans cette succession une trilogie morale consacrée à l'étude pratique de traits moraux et de leurs avantages respectifs. Avec *Dom Juan* et *Le Misanthrope*, Molière complète le dispositif inauguré par *Le Tartuffe* dans lequel il entreprenait de recenser les différents avatars du masque social et du travestissement de l'âme. Mais alors qu'il se livre à une condamnation morale, sociale et politique dans *Le Tartuffe*, comme l'indique le choix d'un *deus ex machina* incarné par la providence royale, qui, *in extremis*, répare le désordre introduit dans la famille d'Orgon par l'imposteur, *Dom Juan* déplace le problème dans le champ de la religion et de la métaphysique. Pour venir à bout du principe de désordre qu'incarne Dom Juan, la clémence et l'omnipotence princière ne suffisent plus : au juge humain doit se substituer un juge divin. Georges Forestier analyse ce changement d'échelle dans son ouvrage *Molière en toutes lettres* :

> Dans *Tartuffe*, la répartition des rôles était claire : la société des hommes est faite d'une majorité d'aveugles (Orgon), d'une brochette de clairvoyants (Cléante), et d'un nombre variable de porteurs de masques (Tartuffe) qui viennent troubler le jeu clair des deux premières forces en présence ; aussi loin que puissent s'introduire ces derniers, la force régulatrice de la société peut les démasquer et les punir. *Dom Juan* constate l'échec de la force régulatrice traditionnelle [...]. Mais si l'humaniste Molière a choisi, avec *Dom Juan*, le thème du châtiment divin, ce n'est pas seulement pour souligner l'impuissance du Prince. C'est qu'il a mis en scène un type d'homme autrement dangereux que Tartuffe, un véritable « diable », comme le désigne dès la première scène Sganarelle[1].

Molière dénonce non seulement la contrefaçon de la dévotion, mais aussi l'aveuglement de la société à son endroit et l'impuissance du roi à y contrevenir. La tirade brillamment construite de

1. Georges Forestier, *Molière en toutes lettres*, *op. cit.*, p. 147.

Dom Juan à la scène 2 de l'acte V encense cette inquiétante impunité dont peut se prévaloir le parti des dévots, véritable société secrète unie par la défense de ses intérêts :

> On lie à force de grimaces une société étroite avec tous les gens du parti ; qui en choque un, se les jette tous sur les bras, et ceux que l'on sait même agir de bonne foi là-dessus, et que chacun connaît pour être véritablement touchés : ceux-là, dis-je, sont toujours les dupes des autres, ils donnent hautement dans le panneau des grimaciers, et appuient aveuglément les singes de leurs actions. [...] On a beau savoir leurs intrigues, et les connaître pour ce qu'ils sont, ils ne laissent pas pour cela d'être en crédit parmi les gens, et quelque baissement de tête, un soupir mortifié, et deux roulements d'yeux rajustent dans le monde tout ce qu'ils peuvent faire.

L'intérêt de l'interprétation de Georges Forestier est de lier le propos des trois pièces successives que sont *Le Tartuffe*, *Dom Juan* et *Le Misanthrope* aux aléas de leur réception. Au fur et à mesure que le dramaturge, au gré des interdictions qui pèsent sur ses pièces, prend la mesure de la tolérance accordée par le pouvoir et la société au parti dévot, le traitement dramatique qu'il leur réserve s'infléchit. Les victoires successives que la cabale emporte à ses dépens l'incitent à maquiller de plus en plus finement ses intentions et à lutter avec les armes mêmes de l'ennemi : la dissimulation. Le dénouement des pièces mais aussi la distribution des ridicules évoluent. Visés sans ménagement sous les traits d'un piètre comédien et d'un grossier écornifleur dans *Le Tartuffe*, les faux dévots, à la fin de *Dom Juan*, se voient au contraire inopinément assimilés à la figure d'un grand seigneur libertin, aussi habile au travestissement qu'épouvantablement impie. Dans *Le Misanthrope*, enfin, des deux personnages principaux, Philinte et Alceste, c'est celui qui prône la dissimulation en la couvrant des dehors de la politesse qui représente la morale du juste milieu et la voix de la sagesse. Le partisan de l'absolue et inflexible sincérité incarne quant à lui un « extravagant » condamné à se retirer de toute vie sociale. Objet d'une réprobation explicite dans *Le Tartuffe*, l'hypocrisie, dans *Dom Juan*, n'est qu'indirectement dénoncée à travers un ultime travestissement du personnage, et, dans *Le Misanthrope*, *in fine* envisagée sinon comme une véritable vertu sociale, du moins comme une morale par provision. Philinte formule cette leçon amère dont a pris acte le dramaturge :

> Il faut, parmi le monde, une vertu traitable ;
> À force de sagesse, on peut être blâmable ;
> [...]
> Et c'est une folie à nulle autre seconde
> De vouloir se mêler de corriger le monde[1].

Les claires et généreuses leçons du *morum doctor* ont laissé place à un pragmatisme social qui préfère le bon sens à la vertu : Alceste a perdu son combat contre Tartuffe. Ce renoncement, qui fera pousser des hauts cris à Rousseau dans *La Lettre à d'Alembert sur les spectacles*[2], est le fruit de ce que Georges Forestier appelle « une crise de la création moliéresque », provoquée par « l'interdiction de *Tartuffe* et l'étouffement de *Dom Juan* » :

> Jusqu'à *Dom Juan*, Molière était un Alceste qui avait toujours raison ; le prolongement de l'interdiction de *Tartuffe*, l'étouffement de *Dom Juan* font prendre à Molière conscience de sa propre extravagance. On ne corrige pas tous les défauts du monde ; s'obstiner, c'est avoir tort, et finir par passer soi-même pour fou. Il ne reste qu'à se divertir, et divertir les autres du spectacle[3].

1. *Le Misanthrope*, acte I, scène 1.
2. « Dans toutes les autres pièces de Molière, le personnage ridicule est toujours haïssable ou méprisable ; dans celle-là, quoique Alceste ait des défauts réels dont on n'a pas tort de rire, on sent pourtant au fond du cœur un respect pour lui dont on ne peut se défendre. »
3. Georges Forestier, *Molière en toutes lettres*, *op. cit.*, p. 148.

Entre le clair dessein du *Tartuffe* et l'ambiguïté insoluble du *Misanthrope*, *Dom Juan* constitue donc un chaînon essentiel. Point de bascule dans l'œuvre de Molière, cette pièce maintient le propos moral, mais sous une forme cryptée attestant que le dramaturge a pris acte des forces aliénantes de la société. Cependant, d'après Georges Couton, grand spécialiste de l'œuvre de Molière, la portée morale de la pièce excède la seule attaque polémique insidieusement lancée contre le parti des dévots à la faveur de la profession de foi hypocrite prononcée par Dom Juan. La dimension expressément édifiante de l'œuvre – le pécheur invétéré puni par les rigueurs du Ciel – dissimule une intention beaucoup plus subversive. Il faut voir dans la comédie tout entière une sorte de grimoire ésotérique à l'usage des esprits forts et postuler une double morale de l'œuvre, l'une explicite et de complaisance et l'autre implicitement séditieuse. Rappelons en effet que si le libertin dépravé et endurci est définitivement châtié par le Ciel, il n'en possède pas moins une solide logique, un talent rhétorique indéniable et des rudiments philosophiques autrement convaincants que les articles de superstition péniblement ânonnés par Sganarelle. Il est souvent plus aisé pour le spectateur moderne d'adhérer à son credo arithmétique que de suivre les élucubrations de son valet sur « le moine bourru ». La connivence supposée de l'auteur et de son personnage, conçu alors comme le porte-parole intempestif d'une impérieuse volonté de liberté, se vérifie par le choix dramatique de ne pas représenter le meurtre du Commandeur sur scène, contrairement à Tirso de Molina, et par là même d'atténuer considérablement sa culpabilité. Même le crime d'hypocrisie qui ouvre le cinquième acte est susceptible d'être regardé avec une relative indulgence : après tout, malgré un cynisme ostentatoire, Dom Juan n'a-t-il pas l'intelligence de se forger une morale pratique admirablement adaptée au monde et à ses contraignantes bienséances ?

La société exige de lui des engagements qu'il ne se sent pas prêt à contracter ; les autorités le harcèlent de toutes parts pour qu'il se conforme à des devoirs où il ne reconnaît ni son intérêt ni sa morale ; quel autre parti s'offre à lui pour continuer d'y déroger en paix, sinon celui de la dissimulation et de la feinte ?

En incitant ainsi les spectateurs à une double lecture de sa comédie, Molière tire parti de la duplicité qui gangrène la société et du ballet des apparences qui régit l'ordre moral. Georges Couton excuse ainsi le dramaturge « à double fond » :

> Cette hypocrisie ne serait jamais qu'une contre-hypocrisie, dont porte la responsabilité une société qui ne permet pas l'expression ouverte d'idées non conformes au système de pensée en vigueur. Molière ne fait pas autre chose que ce qu'ont fait avant lui bien des penseurs qui s'étaient donné comme règle de vie : *Intus ut libet, foris ut moris est* (« À l'intérieur, pense comme il te plaira ; à l'extérieur, comme il est coutume de penser »)[1].

Cette dualité est bien entendu indissociable de l'avènement d'une nouvelle esthétique exaltant le goût des faux-semblants et des apparences. Acte de naissance de la sensibilité baroque chez Molière, *Dom Juan* célèbre la théâtralité du monde et en incarne l'inquiétante et séduisante duplicité dans la figure d'un maître de cérémonie un peu particulier. En attendant d'être capable, comme Philinte, de s'accommoder sagement des hommes, il faut, avec Dom Juan, prendre acte de l'incroyable versatilité de la réalité humaine. C'est cette fuite délibérée dans le divertissement, dans la ronde des apparences et de leur mouvement, que nous propose la pièce, fidèle reflet de la comédie du monde.

---

1. Georges Couton, dans son édition de *Dom Juan*, Gallimard, coll. « Folio classique », 2000, p. 123.

Une pièce d'essence baroque

Comme nous l'avons vu, la comédie de Molière fut donc, dès sa genèse, contrainte à la dissimulation par les menaces de la censure. Le dramaturge y fit le choix d'une écriture ésotérique capable de ménager un sens apologétique[1], édifiant, et un autre profondément rationaliste. Pour cela, il multiplia les dénonciations masquées. Mais les circonstances n'épuisent pas la dimension baroque que la pièce donne au mythe qu'elle embrasse. Outre la machinerie spectaculaire du dénouement, qui donne à cette sombre comédie une dimension merveilleuse proche de celle du genre médiéval du mystère[2], nombreuses sont les caractéristiques qui en exaltent encore l'étrange irrégularité. Entorse notoire à la règle de la vraisemblance classique, la fin de *Dom Juan* est un exemple de scène qui concentre à elle seule quantité d'effets baroques : le sens d'une gradation spectaculaire qui culmine avec l'apothéose finale, le mélange du tragique et du bouffon, du sacré et du profane, et l'énigme du sens. Nous allons voir que ces effets abondent aussi dans le reste de la pièce et qu'ils sont le fait d'une intention délibérée de l'auteur.

Le rythme effréné, littéralement endiablé, de cette sombre farce est l'un des premiers signes d'appartenance à l'esthétique baroque. Par le biais de certaines dispositions dramatiques, Molière a largement accentué la dimension fugace de l'espace et de la temporalité donjuanesques. Conséquence de ce changement permanent de lieu et de compagnie, la variété des genres et des registres, dont se constitue le *patchwork* de la pièce, aux antipodes d'une exigence

1. Une œuvre ***apologétique*** se consacre à la défense de la religion.
2. Le ***mystère*** est un genre théâtral consacré à la représentation d'un sujet religieux, et devant permettre l'édification des foules.

classique d'unité, ancre elle aussi la comédie de *Dom Juan* dans une perspective baroque. Du burlesque de la farce au *pathos* de la tragédie, en passant par la fougue héroï-comique et la prose sérieuse du moraliste, tous les genres s'inscrivent dans ce miroir du monde qu'est la pièce de théâtre. Enfin, le motif du renversement des apparences, le jeu systématique de l'inversion des réalités et des valeurs, qui revient de façon récurrente dans la comédie, ressortit également à l'image baroque du *theatrum mundi* (théâtre du monde). Quelques scènes emblématiques de la comédie célèbrent ce culte des illusions et attestent le goût de l'auteur/metteur en scène pour la mise en abîme du théâtre dans le théâtre. Mais derrière ce jeu des formes, ne se profile-t-il pas quelque intention politique ?

De fuites en esquives : une pièce en mouvement

Par rapport à ses prédécesseurs, Molière a opéré un certain nombre de choix d'écriture et de composition qui renforcent encore le caractère fugace de la fable. Contrairement à Tirso de Molina, chez lequel l'action s'étend sur trois jours complets, avec force rebondissements et péripéties en tous genres, le dramaturge a en effet décidé de concentrer la temporalité de sa pièce dans l'intervalle d'une journée et demie et de multiplier les décors, y compris à l'aide de changements à vue[1], nécessitant le recours à une machinerie sophistiquée. L'assassinat du Commandeur tout comme la multitude des aventures galantes nouées par le *Don Juan Tenorio*[2] sont renvoyés à un temps antérieur à la pièce. Les

1. Changements de décor qui s'effectuent au cours d'un acte, sous les yeux du public, comme à l'acte III, scène 5, lorsque les deux protagonistes s'aventurent près du tombeau du Commandeur qui s'ouvre sur un mausolée et sur la statue du Commandeur.
2. Ainsi se nomme au complet le grand seigneur d'Espagne mis en scène par le moine Tirso de Molina, dans *El Burlador de Sevilla, y convidado de piedra* (*L'Abuseur de Séville*, 1630).

forfaits du mécréant, déjà commis au lever de rideau, permettent ainsi à Molière de se consacrer aux dernières heures que vit son héros et à son obstination spectaculaire face aux objurgations de ses proches. Il s'agit bien là du dernier jour d'un damné occupé à fuir les obstacles immédiats qui s'interposent entre lui et son désir.

Chez Molière, contrairement à la version du moine castillan, aucune intrigue secondaire ne se noue entre les personnages qui croisent la route du héros, chacun d'entre eux s'évertuant à prévenir ou à menacer en vain le héros des risques qu'il encourt. Le lien de parenté fille/père qui, dans la fable espagnole, unissait la maîtresse bafouée et le Commandeur assassiné[1] est ici aboli. Elvire n'a aucun lien de sang avec le Commandeur vengeur qui emmène Dom Juan en enfer. À la fin de la pièce, elle appelle d'ailleurs de ses vœux le salut, et non pas la damnation, de l'homme qu'elle a aimé. Tout se passe comme si Molière avait multiplié les mises en demeure individuelles (Dom Louis, Elvire, Dom Carlos, Dom Alonse et bien sûr Sganarelle) pour mieux souligner leur échec mondain. Seule la statue du Commandeur, ambassadeur de la volonté divine, instrument de la vengeance céleste, viendra à bout de ce détachement coupable.

De tous ces aménagements, il résulte que la destinée du Dom Juan de Molière semble soumise à un principe de mouvement aléatoire. Au lieu de procéder de la volonté d'agir du héros, l'action du drame s'impose à lui au gré des circonstances et des rencontres dans une spirale éperdue de fuites et de départs. En guise de péripéties, de fâcheuses rencontres se succèdent qui contraignent le mécréant à une fuite toujours plus pressante, du palais au rivage, puis du rivage campagnard aux ombres de la forêt, avant un retour à domicile fort contrarié. À défaut d'obtenir sa

1. Dans la pièce de Tirso de Molina, la tentative de séduction de Doña Anna, une demoiselle de haute lignée, aboutit au meurtre de son père, commandeur de l'ordre militaire de Calatrava.

rédemption, de susciter son remords, les « agents » humains de son entourage jouent le rôle de vicissitudes extérieures qui forcent le protagoniste au mouvement. Le héros de la pièce, homme des départs impromptus, n'en est pas moins le jouet d'une providence qui finit par le rattraper.

Dès le premier acte, Dom Juan doit surseoir au projet de séduction dont il a fait part à Sganarelle (scène 2). L'arrivée inopinée d'Elvire vient en contrarier l'exécution. En exigeant de son amant les raisons de son départ précipité, celle qui est encore en tenue de voyage contraint Dom Juan à revêtir la sienne. Au début de l'acte suivant, l'entreprise d'enlèvement qu'avait fomentée Dom Juan est à nouveau compromise par un naufrage : les opposants humains à sa quête cèdent le pas aux obstacles naturels. En guise de rapt maritime, l'Alexandre des conquêtes amoureuses a tout juste réussi à échouer avec son équipage, manquant se noyer. Les occasions de séduction paysanne qu'il trouve pour se consoler restent elles aussi infructueuses : il lui faut fuir à l'annonce de l'assaut des douze hommes lancés contre lui (acte II, scène 5). Seul l'acte III peut donner l'impression que le héros de Molière n'est pas complètement privé de moyens d'action. Si sa tentative sacrilège de « séduction » du pauvre ermite se solde par un échec, du moins vole-t-il au secours d'un gentilhomme attaqué par des bandits de grands chemins au cours de la scène 3. À défaut de religion, l'homme a le sens du code de l'honneur qui régit sa caste. Cette action de bravoure lui permettra d'échapper à la vindicte des frères d'Elvire et de prendre la fuite une nouvelle fois. À cette série de dérobades physiques des actes II et III, succède une série d'esquives à l'acte IV. Il coupe court aux requêtes morales qu'on lui adresse : à son créancier, il distribue une monnaie de singe – des compliments en cascade ; aux exhortations de son père, il oppose une froide et insolente impassibilité ; à Elvire enfin, animée de la générosité toute chrétienne de faire son salut, Dom Juan répond par le désir déplacé que lui inspire le charme de cette contrition nouvelle. Suprême esquive : le stratagème de la feinte dévotion censé le mettre à couvert de toutes les remontrances. Toutes les démarches semblent également inutiles : Dom Juan élude « par le silence, le détournement insolent du propos et l'hypocrisie, toutes les occasions qui lui sont présentées d'exprimer un remords authentique. [...] ses dérobades devant les hommes, qui culminent dans sa profession d'hypocrisie en acte V, scène 2 [...], et ses défis à l'adresse du sacré ont au reste la même et unique conséquence : le Ciel le punira d'autant plus lourdement qu'il a su échapper aux prises du monde[1] ».

Seule la statue du Commandeur coupe court à cette fugue perpétuelle du séducteur impie. Alors que ce dernier tente de fuir le spectre du temps, qui l'exhorte au repentir, les puissances divines le foudroient par le truchement de leur ministre de pierre.

La pièce se construit donc au gré de péripéties disparates qui, sous la forme de rencontres importunes, d'accidents du hasard, de circonstances, s'imposent à Dom Juan de l'extérieur et l'obligent à trouver constamment de nouvelles échappatoires avant la sommation finale. Principe de mouvement et de permanente inconstance, le personnage transforme la pièce en une fuite sans cesse reconduite, qui viole sans vergogne la règle de l'unité spatiale. Rhétoriques ou physiques, ses esquives lui permettent un temps d'échapper au courroux des mânes célestes et donnent lieu à des actions héroïques ou à des morceaux de bravoure comiques mais n'empêchent pas *in fine* le châtiment spectaculaire.

D'un genre à l'autre

L'ampleur du prisme social représenté dans la pièce – de la mendicité à l'aristocratie, en passant par la paysannerie, la domesticité et la bourgeoisie – permet au spectateur de pénétrer

1. Jacques Morel dans son édition de *Dom Juan*, Le Livre de poche, 1985, p. 100.

des univers changeants qui sont aussi un reflet de l'instabilité baroque de la pièce. Très loin de l'exigence classique d'unité et d'homogénéité sociale, la diversité des types humains et sociaux que Dom Juan croise sur sa route entraîne une extrême variété des tons et des registres. Les grandes scansions dramatiques que constituent les actes offrent ainsi aux spectateurs des tableaux successifs marqués chacun par une empreinte générique différente. À la comédie d'intrigue établie au premier acte par le dialogue des deux valets, succède, au deuxième, une ambiance de pastorale parodique, où s'ébattent dans un cadre bucolique de rustiques paysans, au patois gouleyant, aux prises avec leurs contrariétés sentimentales. Loin du charme naïf de cette société campagnarde, l'isolement sylvestre des protagonistes à l'acte suivant projette le spectateur dans l'univers de la comédie héroïque, de ses défis épiques et de ses actions d'honneur. Quant au quatrième acte, il lui fait réintégrer le monde de la comédie bourgeoise en même temps que les appartements du grand seigneur. Le défilé importun des visites, du créancier Dimanche à Elvire, en passant par la figure sévère du père, donne à ces scènes, tantôt graves tantôt comiques, une continuité domestique sans cesse animée par les simagrées fantasques de Dom Juan et de Sganarelle. S'éloignant progressivement de cette légèreté, les dernières scènes de la pièce commencent sous les auspices de la comédie de mœurs, avec le portrait d'un fieffé hypocrite, puis s'acheminent vers un dénouement passablement fantastique d'une solennité toute tragique.

À cette diversité de genres, sensible à l'échelle de l'œuvre dans son ensemble, s'ajoute, à l'intérieur de la pièce, une variété de tons et de registres tout à fait étourdissante. Ainsi, aux considérations burlesques et fanfaronnes de Sganarelle sur les vertus du tabac dès l'ouverture de la pièce succède, à peine deux scènes plus tard, l'expression d'un dépit amoureux qui fait d'Elvire un rôle digne de la grande tragédie racinienne. Les douloureux accents de cette femme éplorée, déchirée par les contradictions de la passion, évoquent au lecteur des grandes œuvres du répertoire classique, le souvenir de la princesse de Clèves[1] ou encore celui de la religieuse portugaise[2], à la plume épistolaire de laquelle Guilleragues prêta son lyrisme pathétique. Dom Louis, les frères d'Elvire, Dom Carlos et Dom Alonse, qui tous sortent des rangs de l'aristocratie, contribuent également à la gravité solennelle tantôt tragique tantôt héroï-comique de la pièce. Les considérations d'un père sur les devoirs de la noblesse (acte IV, scène 4) rappellent un certain idéal cornélien, tandis que la soif d'honneur d'un Dom Alonse (acte III, scène 4) fait songer aux emportements du Cid.

Le contraste atteint sans doute son paroxysme au cours de l'acte IV lorsque, à la visite d'un bon bourgeois ridiculisé et cupide, succèdent les remontrances d'un père outragé puis les saintes exhortations d'une âme miséricordieuse. Même quand une certaine unité de ton est respectée dans le cours d'un acte, une analyse plus affinée de la palette comique de Molière révèle la gamme de nuances et l'alternance qui y président. Ainsi en est-il à l'acte II, où la farce patoisante de la première scène est suivie de la parodie pastorale proprement dite, qui transpose les amours bucoliques des bergers sur un mode réaliste et grotesque ; à la scène 3 s'opère un retour à la farce avec le comique de geste et l'échange de soufflets entre les personnages, avant que le spectateur n'assiste, à la scène 4, à un épisode qui préfigure le vaudeville moderne, avec le trio amoureux Dom Juan/

---

1. *La Princesse de Clèves* (1678) est une œuvre de Mme de Lafayette racontant la passion impossible de la princesse de Clèves et du duc de Nemours, à la cour du roi Henri II ; elle est considérée comme le premier roman d'analyse psychologique dans l'histoire de la littérature.

2. *Lettres portugaises*, roman épistolaire de Guilleragues (1669), se composent des cinq longues épîtres adressées par Marianne au chevalier français qui fut son amant et qui l'a abandonnée.

Charlotte/Mathurine entonnant une sorte de chant amébée[1] parodique. Pour clore ce galant séjour en terre paysanne, Molière recourt à une rupture de ton radical : il annonce l'assaut de douze hommes lancés à la poursuite de Dom Juan et amorce le virage tragi-comique de la pièce.

Cette multiplicité de tons et de décors, servie par une scénographie spectaculaire et par des machines à effets, contribue à la dimension baroque de la pièce. Aux changements de lieu, au mouvement permanent du protagoniste s'ajoute en effet le vertige des langages bigarrés et des atmosphères contrastées, comme si le spectateur était pris au piège d'un manège virevoltant, tantôt sombre tantôt jubilatoire.

Theatrum mundi[2]

L'emprise de l'esthétique baroque se décline aussi dans la pièce de Molière par le motif du travestissement, de la mise en abyme du théâtre dans le théâtre. Dom Juan est l'homme des masques comme il est celui des « mille cœurs » ; il n'aime rien tant que changer d'identité. Son propre costume fait l'objet d'une longue et complaisante description à la faveur des naïfs ébahissements de Pierrot : rubans, passements, rabats, et angigorniaux[3] y abondent dans une proportion invraisemblable. Ne voit-on pas Dom Juan lui-même, tel un professionnel de la scène, s'offusquer, dès la deuxième scène, de l'habit de campagne dont est vêtue Elvire qui, dans sa rage de femme abandonnée, n'a pas pensé à accorder son costume aux circonstances de la vie de palais ?

---

1. Procédé poétique construit sur une alternance de voix symétriques et fréquemment employé dans les pastorales antiques, notamment *Les Bucoliques* de Virgile.

2. ***Theatrum mundi*** : « théâtre du monde » en latin ; thème baroque qui privilégie les illusions, le travestissement et l'inversion des valeurs, comme au théâtre.

3. ***Angigorniaux*** : engins, choses compliquées, fanfreluches.

À la fin du deuxième acte, à l'annonce des douze assaillants qui le poursuivent, le maître exige de son valet qu'il échange son costume avec le sien, au grand dam du second, effrayé de porter une défroque aussi compromettante. Au début de l'acte suivant, sans que l'ellipse nous soit débrouillée, nous les retrouvons l'un en habit de campagne, l'autre en habit de médecin. Mais à peine Dom Juan a-t-il accompli sa seule action honorable en volant au secours d'un gentilhomme attaqué par trois voleurs, qu'il falsifie à nouveau son identité en se faisant passer aux yeux de Dom Carlos pour un ami de l'odieux mari qui a déshonoré sa sœur.

Outre ce goût de la mascarade, Dom Juan fait preuve d'un véritable talent de metteur en scène. Par sa *maestria* verbale, sans le secours d'aucun accessoire de dissimulation, il tourne à son avantage plusieurs situations pendables en montant, en l'espace d'un instant, une mini-comédie de son inspiration. Ainsi, pendant l'intermède rustique du deuxième acte, il orchestre avec une réjouissante habileté un trio amoureux. Grâce à une subtile mécanique d'apartés, il parvient à faire croire aux deux paysannes que chacune est l'élue exclusive de son cœur (acte II, scène 4). Alors qu'elle semblait annoncer un pénible imbroglio, l'arrivée de Mathurine permet la symétrie d'une partition virtuose, parodie du chant amébée de la pastorale, et une authentique prouesse de séducteur. Dom Juan réitère cet exploit de prestidigitateur, en changeant le cours de la réalité, à l'acte IV lorsqu'il oblige Monsieur Dimanche à accepter des compliments pour argent comptant et à quitter son personnage de créancier « pour endosser la défroque du bourgeois flatté par le gentilhomme[1] ». En un tournemain, il fait d'un solliciteur gênant un débiteur symbolique, faisant ainsi son obligé de celui auquel il était redevable. Dom Juan atteint enfin le summum de l'art du comédien lorsque, au début de l'acte V, il joue le pécheur touché par la grâce, au grand bonheur de Dom Louis. Cette comédie

1. Jacques Morel, éd. cit.

du repentir et de la conversion, dont l'imposture sera pleinement révélée à la scène suivante, redonne son sens plein au mot « hypocrite », dont l'étymologie grecque signifie « acteur ».

Par ces prouesses de comédiens, par cette profusion de masques et de rôles, la pièce manifeste son appartenance au style baroque et remet en cause le pouvoir de vérité des signes et du langage. Le renversement des valeurs est également un motif récurrent qui semble participer de ce goût du désordre caractéristique de l'esthétique baroque. La scène du pauvre est une évidente tentative de renversement du symbole de la charité chrétienne. De même, la transformation d'une Elvire imprécatrice (acte I, scène 3) en une envoyée du Ciel pleine de miséricorde (acte IV, scène 6) réclamant le repentir de l'homme qu'elle a aimé, au nom de l'amour de Dieu, participe de cette dialectique de l'endroit et de l'envers. Les deux éloges paradoxaux que prononce le héros, aux deux extrémités de la comédie, l'un de l'inconstance (acte I, scène 2), l'autre de l'hypocrisie (acte V, scène 2), répondent également à une volonté de transformer par la seule vertu rhétorique des vices avérés en qualités reconnues, l'une aristocratique l'autre sociale... comme si la séduction d'un beau discours suffisait à renverser le pouvoir de l'ordre en place, la valeur des choses.

Noblesse oblige

Dom Juan, comédien accompli, au sens classique du terme, c'est-à-dire à la fois acteur et metteur en scène, est animé d'un fantasme baroque de désordre et d'inversion. Homme de théâtre par excellence, il entend donner à la noblesse le spectacle d'ultimes saturnales[1], comme s'il était possible, pour tous les courtisans pris

1. Les ***saturnales*** étaient des fêtes antiques au cours desquelles maîtres et esclaves échangeaient leurs rôles et partageaient sur un pied d'égalité diverses réjouissances.

au piège de l'étiquette mondaine et curiale[1], de renverser une unique fois leur sujétion.

Depuis 1660, en effet, le règne du Roi-Soleil a pris un tour résolument personnel et autoritaire. Pour se débarrasser de la menace interne que constitue l'appétit de puissance de la noblesse, le monarque a réprimé durement la Fronde (1649), puis muselé les seigneurs de son pays en les contraignant à l'inaction et à la rivalité stérile des séductions de cour.

Produit baroque d'un siècle classique, expression d'une inconséquence pleine de panache, d'une insolence crâne, *Dom Juan* est aussi une pièce politique. Son agitation, sa fougue en font le dernier baroud d'honneur d'une noblesse qui conteste sa perte de puissance. Ultime incartade, le défi de ce noble seigneur dévoyé, capable de braver même la mort, n'est-il pas l'emblème de la résistance de toute une caste dont les appétits frondeurs ont été définitivement mis au pas par la monarchie louis-quatorzienne et la centralisation de son pouvoir ?

---

1. ***Curiale*** : qui concerne la vie de cour, auprès du roi.

■ Dom Juan et la statue du Commandeur, par Fragonard (1830). Musée des Beaux-Arts de Strasbourg.

CHRONOLOGIE

1622 1673

■ Repères historiques et culturels

■ Vie et œuvre de l'auteur

Repères historiques et culturels

1617 Début du règne personnel de Louis XIII.

1624 Richelieu devient ministre du roi.

1627-1629 Guerre contre les protestants.

1628 Théories de Harvey sur la circulation sanguine.

1629 Pierre Corneille, *Mélite*.
Fondation de la Compagnie du Saint-Sacrement (parti dévot).

1632 Rembrandt, *La Leçon d'anatomie*.

1633 Galilée doit renier ses thèses sur la rotation de la Terre.

1634 Richelieu fonde l'Académie française.
Corneille, *Médée*.
La France s'engage dans la guerre de Trente Ans (1618-1648) contre l'empire des Habsbourg.

1634-1639 Richelieu fait construire le Palais-Cardinal, qui deviendra le Palais-Royal.

1635 Tirso de Molina, *Le Trompeur de Séville.*

1636 Corneille, *Le Cid*.

1637 Descartes, *Discours de la méthode*.

1638 Naissance du futur Louis XIV, fils de Louis XIII et d'Anne d'Autriche.

1640 Corneille, *Horace*, *Cinna*.

1640-1642 La communauté janséniste se regroupe au couvent de Port-Royal-des-Champs. Condamnation de la doctrine janséniste par l'Église.

Vie et œuvre de l'auteur

1622 Naissance à Paris de Jean-Baptiste Poquelin.

1631 Achat par son père de la charge de tapissier du roi.

1632 Mort de sa mère.

1633-1639 Scolarité au collège de Clermont (l'actuel lycée Louis-le-Grand). Fréquentation des futurs libertins (Bernier, Cyrano de Bergerac).

1640-1642 Études de droit à Orléans et rencontre avec Madeleine Béjart.

Repères historiques et culturels

1642 Mort de Richelieu.
Fondation de la congrégation de Saint-Sulpice par le curé Olier, hostile à la troupe de Molière.
Corneille, *Polyeucte*, *Le Menteur*.

1643 Mort de Louis XIII. Début de la régence d'Anne d'Autriche et de Mazarin.

1644 Toricelli invente le baromètre à mercure.

1647 Expériences de Pascal sur le vide.

1648 Les traités de Westphalie mettent fin à la guerre de Trente Ans : la France gagne l'Alsace sur l'Allemagne.

1648-1652 La Fronde, soulèvement des parlements et de certains nobles contre le pouvoir central, réprimé par Mazarin qui met au pas la noblesse et affermit le pouvoir royal.
Les Italiens Cicognini et Gilberto adaptent la pièce de Tirso de Molina (inspirateurs probables du *Dom Juan* de Molière).

1653 Nouvelle condamnation du jansénisme par le pape.

1654 Sacre de Louis XIV.

1656 Pascal, *Lettres provinciales* (défense des théories jansénistes).

1657 Cyrano de Bergerac, *Le Voyage dans la Lune.* D'Aubignac, *La Pratique du théâtre.*

1658-1659 Les Comédiens-Italiens traitent le sujet de *Dom Juan* en *commedia dell'arte*. Les comédiens Dorimond et Villiers écrivent *Le Festin de Pierre ou le Fils criminel* (également inspirateurs probables de Molière).

1659 Le traité des Pyrénées met fin aux hostilités entre la France et l'Espagne.
Corneille, *Œdipe.*

Vie et œuvre de l'auteur

1643 Jean-Baptiste renonce à l'héritage de la charge paternelle de tapissier et fonde l'Illustre-Théâtre avec les Béjart.

1644-1645 Il prend le nom de Molière. L'aventure de l'Illustre-Théâtre s'achève sur une faillite : Molière est emprisonné pour dettes. Les acteurs rejoignent la troupe de Dufresne : début des tournées en province.

1653 La troupe reçoit la protection du prince de Conti.

1654 *L'Étourdi* (comédie d'intrigue).

1656 *Dépit amoureux* (farce).

1657 Le prince de Conti retire son patronage à la troupe.

1658 Retour à Paris : le roi s'amuse à la farce du *Docteur amoureux* et accorde à Molière la salle du Petit-Bourbon.

1659 *Le Médecin volant* (farce), *Les Précieuses ridicules* (comédie).

Repères historiques et culturels

1661 Mort de Mazarin et début du règne personnel de Louis XIV. Début de la construction du château de Versailles.

1663 Le roi distribue des pensions aux hommes de lettres.

1664 Dispersion des religieuses de Port-Royal de Paris. Racine, *La Thébaïde*.

1665 La Rochefoucauld, *Maximes et réflexions diverses*. Dissolution de la Compagnie du Saint-Sacrement. Peste de Londres.

1666 Mort d'Anne d'Autriche, mère du roi, et du prince de Conti. Fondation de l'Académie royale des sciences.

1667 Racine, *Andromaque*.

1667-1668 Conquête de la Flandre (guerre de Dévolution).

1668 La Fontaine, *Fables* (premier livre).

Vie et œuvre de l'auteur

1660 *Sganarelle ou le Cocu imaginaire* (farce). Molière s'installe dans la salle du Palais-Royal, qu'il occupera jusqu'à sa mort.

1661 *Dom Garcie de Navarre* (tragi-comédie), *L'École des maris* (comédie), *Les Fâcheux* (première comédie-ballet).

1662 Mariage avec Armande Béjart. *L'École des femmes* (première grande comédie de mœurs et de caractères).

1663 Querelle de *L'École des femmes*. Molière répond à ses détracteurs dans deux comédies critiques : *La Critique de l'École des femmes* et *L'Impromptu de Versailles*.
Le roi accorde une subvention de 1 000 livres à la troupe.

1664 Son fils Louis meurt quelques mois après sa naissance. Louis XIV en est le parrain. *Le Mariage forcé*, *La Princesse d'Élide* (comédies-ballets). *Le Tartuffe*, grande comédie qui s'attaque aux faux dévots, est aussitôt interdite et déclenche une véritable bataille.

1665 *Dom Juan* (grande comédie).
Naissance d'Esprit Madeleine, fille de Molière.
Louis XIV prend la troupe sous son patronage et lui accorde une pension de 6 000 livres.
L'Amour médecin (comédie-ballet).

1666 Molière souffre d'une fluxion de poitrine. *Le Misanthrope* (grande comédie), *Le Médecin malgré lui* (farce), *Mélicerte* (comédie-ballet).
Querelle de la moralité au théâtre : Molière est vivement attaqué.

1667 *Pastorale comique*, *Le Sicilien ou l'Amour peintre* (comédies-ballets) ; *L'Imposteur*, reprise légèrement édulcorée du *Tartuffe* et aussitôt interdite par la censure.

1668 *Amphitryon* (comédie d'intrigue), *George Dandin* (comédie-ballet), *L'Avare* (grande comédie).

Repères historiques et culturels

1669 Racine, *Britannicus.*

1670 Pascal, *Pensées.*

1672 Louis XIV s'installe à Versailles.

1672-1673 Conquête de la Hollande. Coalition européenne contre Louis XIV.

Vie et œuvre de l'auteur

1669 Mort de Jean Poquelin, père de Molière. Autorisation et triomphe du *Tartuffe*. *Monsieur de Pourceaugnac* (comédie-ballet).

1670 *Les Amants magnifiques*, *Le Bourgeois gentilhomme* (comédies-ballets).

1671 *Psyché* (tragédie-ballet à grand spectacle), *Les Fourberies de Scapin* (farce), *La Comtesse d'Escarbagnas* (comédie-ballet). Mort de Madeleine Béjart.

1672 *Les Femmes savantes* (grande-comédie). Naissance de son fils Jean-Baptiste Armand ; l'enfant meurt dix jours plus tard.

1673 *Le Malade imaginaire* (comédie-ballet). Mort de Molière (17 février).

1677 Thomas Corneille propose une version amputée et versifiée de *Dom Juan*, que l'ancienne troupe de Molière interprète au théâtre de l'Hôtel de Guénégaud.

1680 Naissance de la Comédie-Française, par la réunion de la troupe de Molière à celles du Marais et de l'Hôtel de Bourgogne.

1682 Parution des œuvres complètes de Molière, dont une version expurgée de *Dom Juan*.

1683 Parution à Amsterdam de *Dom Juan* dans la version originale du texte monté par Molière en 1665.

1819 Parution en France du texte intégral et original de *Dom Juan*.

NOTE SUR LA PRÉSENTE ÉDITION : nous suivons le texte de l'édition GF-Flammarion (éd. Boris Donné, 1998). Elle reproduit la version de *Dom Juan* – non censurée – établie par La Grange pour les *Œuvres complètes de Monsieur de Molière* (1682). Dans celle-ci, la pièce figure expurgée de quelques passages que Molière avait peut-être lui-même supprimés après le scandale des premières représentations. (Après ces aménagements, la censure exigea de nouvelles coupes alors même que les volumes des *Œuvres* avaient été imprimés.)

Comme dans l'édition GF-Flammarion, les passages supprimés par Molière et La Grange, présents dans l'édition parue à Amsterdam en 1683, sont signalés entre crochets. L'orthographe est modernisée.

Dom Juan
ou
le Festin de Pierre

COMÉDIE

REPRÉSENTÉE POUR LA PREMIÈRE FOIS
LE QUINZIÈME FÉVRIER 1665
SUR LE THÉÂTRE DE LA SALLE DU PALAIS-ROYAL[1]
PAR LA TROUPE DE MONSIEUR,
FRÈRE UNIQUE DU ROI

1. Le ***Palais-Royal***, construit par Richelieu en face du Louvre, comprenait une salle de théâtre attribuée par le roi à la troupe de Molière en 1660.

PERSONNAGES

DOM[1] JUAN, fils de Dom Louis.
SGANARELLE[2], valet de Dom Juan.
ELVIRE, femme de Dom Juan.
GUSMAN, écuyer[3] d'Elvire.
DOM CARLOS, frère d'Elvire.
DOM ALONSE, frère d'Elvire.
DOM LOUIS, père de Dom Juan.
FRANCISQUE, pauvre.
CHARLOTTE, paysanne.
MATHURINE, paysanne.
PIERROT, paysan.
LA STATUE du Commandeur[4].
LA VIOLETTE, laquais de Dom Juan.
RAGOTIN, laquais de Dom Juan.
MONSIEUR DIMANCHE, marchand.
LA RAMÉE, spadassin[5].
SUITE de Dom Juan.
SUITE de Dom Carlos et de Dom Alonse, frères.
UN SPECTRE.

La scène est en Sicile.

1. ***Dom*** : « seigneur », titre de noblesse espagnol.
2. Rôle tenu par Molière lors de la création de la pièce.
3. ***Écuyer*** : simple gentilhomme au service d'un grand ; il commande son écurie et l'accompagne.
4. ***Commandeur*** : chevalier appartenant à un ordre ecclésiastique, comme celui de Malte, et pourvu d'une « commanderie ».
5. ***Spadassin*** : soldat.

Acte premier

Scène première

SGANARELLE, GUSMAN

SGANARELLE, *tenant une tabatière*[1]. – Quoi que puisse dire Aristote[2], et toute la philosophie, il n'est rien d'égal au tabac[3], c'est la passion des honnêtes gens ; et qui vit sans tabac, n'est pas digne de vivre ; non seulement il réjouit, et purge les cerveaux humains ; mais encore il instruit les âmes à la vertu, et l'on apprend avec lui à devenir honnête homme[4]. Ne voyez-vous pas bien dès qu'on en prend, de quelle manière obligeante[5] on en use[6] avec tout le monde, et comme on est ravi d'en donner à droit[7], et à gauche, partout où l'on se trouve ? On n'attend pas même qu'on en demande, et l'on court au-

---

1. ***Tabatière*** : petite boîte à tabac.

2. ***Aristote*** : philosophe grec du IVe siècle av. J.-C. Sa morale de la modération a inspiré la doctrine chrétienne de la vertu.

3. Aristote n'a jamais écrit contre le tabac, inconnu dans l'Antiquité. Au XVIIe siècle, on débattait déjà des bienfaits et des méfaits du tabac : son usage était recommandé par certains apothicaires mais condamné par une bulle du pape (1642) !

4. ***Honnête homme*** : homme de qualité, à la fois vertueux et agréable en société.

5. ***Obligeante*** : agréable, serviable.

6. ***On en use*** : on se comporte.

7. ***À droit*** : à droite.

devant du souhait des gens : tant il est vrai, que le tabac inspire des sentiments d'honneur, et de vertu, à tous ceux qui en prennent. Mais c'est assez de cette matière, reprenons un peu notre discours. Si bien donc, cher Gusman, que Done[1] Elvire ta maîtresse, surprise de notre départ, s'est mise en campagne après nous ; et son cœur, que mon maître a su toucher trop fortement, n'a pu vivre, dis-tu, sans le venir chercher ici ? Veux-tu qu'entre nous je te dise ma pensée ; j'ai peur qu'elle ne soit mal payée de son amour, que son voyage en cette ville produise peu de fruit, et que vous eussiez autant gagné à ne bouger de là.

GUSMAN. – Et la raison encore, dis-moi, je te prie, Sganarelle, qui peut t'inspirer une peur d'un si mauvais augure ? Ton maître t'a-t-il ouvert son cœur là-dessus, et t'a-t-il dit qu'il eût pour nous quelque froideur qui l'ait obligé à partir ?

SGANARELLE. – Non pas, mais, à vue de pays[2], je connais à peu près le train des choses, et sans qu'il m'ait encore rien dit, je gagerais[3] presque que l'affaire va là. Je pourrais peut-être me tromper, mais enfin, sur de tels sujets, l'expérience m'a pu donner quelques lumières.

GUSMAN. – Quoi, ce départ si peu prévu serait une infidélité de Dom Juan ? Il pourrait faire cette injure aux chastes feux de Done Elvire ?

SGANARELLE. – Non, c'est qu'il est jeune encore, et qu'il n'a pas le courage.

GUSMAN. – Un homme de sa qualité[4] ferait une action si lâche ?

SGANARELLE. – Eh oui ; sa qualité ! La raison en est belle, et c'est par là[5] qu'il s'empêcherait des choses.

GUSMAN. – Mais les saints nœuds du mariage le tiennent engagé.

---

1. ***Done*** : titre d'honneur, féminin de « Dom » (voir note 1, p. 48).
2. ***À vue de pays*** : à vue de nez, *a priori*.
3. ***Gagerais*** : parierais.
4. ***Qualité*** : noblesse.
5. ***Par là*** : à cause de cela.

SGANARELLE. – Eh ! mon pauvre Gusman, mon ami, tu ne sais pas encore, crois-moi, quel homme est Dom Juan.

GUSMAN. – Je ne sais pas de vrai quel homme il peut être, s'il faut qu'il nous ait fait cette perfidie[1] ; et je ne comprends point comme après tant d'amour, et tant d'impatience témoignée, tant d'hommages pressants, de vœux, de soupirs, et de larmes ; tant de lettres passionnées, de protestations ardentes et de serments réitérés[2] ; tant de transports[3], enfin, et tant d'emportements qu'il a fait paraître, jusqu'à forcer dans sa passion l'obstacle sacré d'un couvent, pour mettre Done Elvire en sa puissance ; je ne comprends pas, dis-je, comme après tout cela il aurait le cœur de pouvoir manquer à sa parole.

SGANARELLE. – Je n'ai pas grande peine à le comprendre moi, et si tu connaissais le pèlerin[4], tu trouverais la chose assez facile pour lui. Je ne dis pas qu'il ait changé de sentiments pour Done Elvire, je n'en ai point de certitude encore ; tu sais que par son ordre je partis avant lui, et depuis son arrivée il ne m'a point entretenu, mais par précaution, je t'apprends (*inter nos*)[5] que tu vois en Dom Juan, mon maître, le plus grand scélérat que la terre ait jamais porté, un enragé, un chien, un Diable, un Turc, un hérétique[6], qui ne croit ni Ciel[7], ni Enfer, ni loup-garou, qui passe cette vie en véritable bête brute, un pourceau d'Épicure[8],

---

1. ***Perfidie*** : trahison.
2. ***Réitérés*** : répétés.
3. ***Transports*** : vives émotions.
4. ***Pèlerin*** : homme rusé.
5. ***Inter nos*** : « entre nous », en latin.
6. ***Hérétique*** : incroyant, impie.
7. ***Ciel*** : Dieu.
8. ***Épicure*** : philosophe grec (341-270 av. J.-C.) qui considérait le corps et l'âme comme une composition d'atomes soumis à des lois physiques et non divines, et engageait les hommes à ne craindre ni les dieux ni la mort et à vivre de plaisirs simples. Ses disciples étaient dénoncés par l'Église catholique comme des athées et des débauchés : des « pourceaux ». Molière était lui-même fortement imprégné de cette philosophie.

un vrai Sardanapale[1], qui ferme l'oreille à toutes les remontrances qu'on lui peut faire, et traite de billevesées[2] tout ce que nous croyons. Tu me dis qu'il a épousé ta maîtresse, crois qu'il aurait plus fait pour sa passion, et qu'avec elle il aurait encore épousé toi, son chien, et son chat. Un mariage ne lui coûte rien à contracter, il ne se sert point d'autres pièges pour attraper les belles, et c'est un épouseur à toutes mains[3] ; dame, demoiselle, bourgeoise, paysanne, il ne trouve rien de trop chaud, ni de trop froid pour lui ; et si je te disais le nom de toutes celles qu'il a épousées en divers lieux, ce serait un chapitre à durer jusques au soir. Tu demeures surpris, et changes de couleur à ce discours ; ce n'est là qu'une ébauche du personnage, et pour en achever le portrait, il faudrait bien d'autres coups de pinceau. Suffit qu'il faut que le courroux[4] du Ciel l'accable quelque jour ; qu'il me vaudrait bien mieux d'être au Diable, que d'être à lui, et qu'il me fait voir tant d'horreurs, que je souhaiterais qu'il fût déjà je ne sais où ; mais un grand seigneur méchant homme est une terrible chose ; il faut que je lui sois fidèle en dépit que j'en aie[5], la crainte en moi fait l'office du zèle, bride mes sentiments, et me réduit d'applaudir bien souvent à ce que mon âme déteste. Le voilà qui vient se promener dans ce palais, séparons-nous ; écoute, au moins, je t'ai fait cette confidence avec franchise, et cela m'est sorti un peu bien vite de la bouche ; mais s'il fallait qu'il en vînt quelque chose à ses oreilles, je dirais hautement que tu aurais menti.

---

1. ***Sardanapale*** : roi assyrien de l'Antiquité, symbole de la luxure.
2. ***Billevesées*** : balivernes.
3. ***À toutes mains*** : de toutes les manières.
4. ***Courroux*** : colère.
5. ***En dépit que j'en aie*** : malgré moi.

Scène 2

DOM JUAN, SGANARELLE

DOM JUAN. – Quel homme te parlait là, il a bien de l'air, ce me semble, du bon Gusman de Done Elvire ?

SGANARELLE. – C'est quelque chose aussi à peu près de cela.

DOM JUAN. – Quoi, c'est lui ?

SGANARELLE. – Lui-même.

DOM JUAN. – Et depuis quand est-il en cette ville ?

SGANARELLE. – D'hier au soir.

DOM JUAN. – Et quel sujet l'amène ?

SGANARELLE. – Je crois que vous jugez assez ce qui le peut inquiéter.

DOM JUAN. – Notre départ, sans doute ?

SGANARELLE. – Le bonhomme en est tout mortifié[1], et m'en demandait le sujet.

DOM JUAN. – Et quelle réponse as-tu faite ?

SGANARELLE. – Que vous ne m'en aviez rien dit.

DOM JUAN. – Mais encore, quelle est ta pensée là-dessus, que t'imagines-tu de cette affaire ?

SGANARELLE. – Moi, je crois sans vous faire tort que vous avez quelque nouvel amour en tête.

DOM JUAN. – Tu le crois ?

SGANARELLE. – Oui.

DOM JUAN. – Ma foi, tu ne te trompes pas, et je dois t'avouer qu'un autre objet[2] a chassé Elvire de ma pensée.

SGANARELLE. – Eh, mon Dieu, je sais mon Dom Juan sur le bout du doigt, et connais votre cœur pour le plus grand coureur du monde ; il se plaît à se promener de liens en liens, et n'aime guère à demeurer en place.

DOM JUAN. – Et ne trouves-tu pas, dis-moi, que j'ai raison d'en

1. ***Mortifié*** : blessé.
2. ***Objet*** : femme aimée.

user de la sorte ?

SGANARELLE. – Eh, Monsieur.

DOM JUAN. – Quoi ? Parle.

SGANARELLE. – Assurément que vous avez raison, si vous le voulez, on ne peut pas aller là contre ; mais si vous ne le vouliez pas, ce serait peut-être une autre affaire.

DOM JUAN. – Eh bien, je te donne la liberté de parler, et de me dire tes sentiments.

SGANARELLE. – En ce cas, Monsieur, je vous dirai franchement que je n'approuve point votre méthode, et que je trouve fort vilain d'aimer de tous côtés comme vous faites.

DOM JUAN. – Quoi ? tu veux qu'on se lie à demeurer au premier objet qui nous prend, qu'on renonce au monde pour lui, et qu'on n'ait plus d'yeux pour personne ? La belle chose de vouloir se piquer[1] d'un faux honneur d'être fidèle, de s'ensevelir pour toujours dans une passion, et d'être mort dès sa jeunesse à toutes les autres beautés qui nous peuvent frapper les yeux : non, non, la constance n'est bonne que pour des ridicules[2], toutes les belles ont droit de nous charmer, et l'avantage d'être rencontrée la première ne doit point dérober aux autres les justes prétentions qu'elles ont toutes sur nos cœurs. Pour moi, la beauté me ravit partout où je la trouve ; et je cède facilement à cette douce violence dont elle nous entraîne ; j'ai beau être engagé[3], l'amour que j'ai pour une belle n'engage point mon âme à faire injustice aux autres ; je conserve des yeux pour voir le mérite de toutes, et rends à chacune les hommages, et les tributs[4] où la nature nous oblige. Quoi qu'il en soit, je ne puis refuser mon cœur à tout ce que je vois d'aimable, et dès qu'un beau visage me le demande,

1. ***Se piquer de*** : prétendre à.
2. ***Ridicules*** : personnes ridicules.
3. ***Engagé*** : fiancé.
4. ***Tributs*** : contributions, paiements (amoureux).

si j'en avais dix mille, je les donnerais tous. Les inclinations[1] naissantes, après tout, ont des charmes inexplicables, et tout le plaisir de l'amour est dans le changement. On goûte une douceur extrême à réduire[2] par cent hommages le cœur d'une jeune beauté, à voir de jour en jour les petits progrès qu'on y fait ; à combattre par des transports, par des larmes, et des soupirs, l'innocente pudeur d'une âme qui a peine à rendre les armes, à forcer pied à pied toutes les petites résistances qu'elle nous oppose, à vaincre les scrupules dont elle se fait un honneur, et la mener doucement où nous avons envie de la faire venir. Mais lorsqu'on en est maître une fois, il n'y a plus rien à dire, ni rien à souhaiter, tout le beau de la passion est fini, et nous nous endormons dans la tranquillité d'un tel amour, si quelque objet nouveau ne vient réveiller nos désirs, et présenter à notre cœur les charmes attrayants d'une conquête à faire. Enfin, il n'est rien de si doux, que de triompher de la résistance d'une belle personne ; et j'ai sur ce sujet l'ambition des conquérants, qui volent perpétuellement de victoire en victoire, et ne peuvent se résoudre à borner leurs souhaits. Il n'est rien qui puisse arrêter l'impétuosité de mes désirs, je me sens un cœur à aimer toute la terre ; et comme Alexandre[3], je souhaiterais qu'il y eût d'autres mondes, pour y pouvoir étendre mes conquêtes amoureuses.

SGANARELLE. – Vertu de ma vie, comme vous débitez[4] ; il semble que vous avez appris cela par cœur, et vous parlez tout comme un livre.

DOM JUAN. – Qu'as-tu à dire là-dessus ?

SGANARELLE. – Ma foi, j'ai à dire… je ne sais que dire ; car vous tournez les choses d'une manière, qu'il semble que vous avez

---

1. ***Inclinations*** : désirs, amours.

2. ***Réduire*** : soumettre.

3. ***Alexandre*** (le Grand) : roi de Macédoine (353-323 av. J.-C.), grand conquérant.

4. ***Débitez*** : récitez un long discours.

raison, et cependant il est vrai que vous ne l'avez pas. J'avais les plus belles pensées du monde, et vos discours m'ont brouillé tout cela ; laissez faire, une autre fois je mettrai mes raisonnements par écrit, pour disputer[1] avec vous.

DOM JUAN. – Tu feras bien.

SGANARELLE. – Mais, Monsieur, cela serait-il de la permission que vous m'avez donnée, si je vous disais que je suis tant soit peu scandalisé de la vie que vous menez ?

DOM JUAN. – Comment, quelle vie est-ce que je mène ?

SGANARELLE. – Fort bonne. Mais par exemple de vous voir tous les mois vous marier comme vous faites...

DOM JUAN. – Y a-t-il rien de plus agréable ?

SGANARELLE. – Il est vrai, je conçois que cela est fort agréable, et fort divertissant, et je m'en accommoderais assez, moi, s'il n'y avait point de mal, mais, Monsieur, se jouer[2] ainsi d'un mystère sacré, et...

DOM JUAN. – Va, va, c'est une affaire entre le Ciel et moi, et nous la démêlerons bien ensemble, sans que tu t'en mettes en peine.

SGANARELLE. – Ma foi, Monsieur, j'ai toujours ouï[3] dire que c'est une méchante raillerie[4] que de se railler du Ciel, et que les libertins[5] ne font jamais une bonne fin.

DOM JUAN. – Holà, maître sot, vous savez que je vous ai dit que je n'aime pas les faiseurs de remontrances.

SGANARELLE. – Je ne parle pas aussi à vous, Dieu m'en garde, vous savez ce que vous faites, vous, et si vous ne croyez rien, vous avez vos raisons ; mais il y a de certains petits impertinents dans le monde, qui sont libertins sans savoir pourquoi, qui font les esprits forts[6], parce qu'ils croient que cela leur sied[7] bien ; et

---

1. ***Disputer*** : discuter, débattre.
2. ***Se jouer de*** : se moquer de.
3. ***Ouï*** : entendu.
4. ***Raillerie*** : moquerie.
5. ***Libertins*** : hommes défiant la religion et la morale.
6. ***Qui font les esprits forts*** : qui font les malins.
7. ***Sied*** : convient.

si j'avais un maître comme cela, je lui dirais fort nettement, le regardant en face : Osez-vous bien ainsi vous jouer au Ciel, et ne tremblez-vous point de vous moquer comme vous faites des choses les plus saintes ? C'est bien à vous, petit ver de terre, petit mirmidon[1] que vous êtes (je parle au maître que j'ai dit), c'est bien à vous à vouloir vous mêler de tourner en raillerie ce que tous les hommes révèrent. Pensez-vous que pour être[2] de qualité, pour avoir une perruque blonde, et bien frisée, des plumes à votre chapeau, un habit bien doré, et des rubans couleur de feu (ce n'est pas à vous que je parle, c'est à l'autre) ; pensez-vous, dis-je, que vous en soyez plus habile homme, que tout vous soit permis, et qu'on n'ose vous dire vos vérités ? Apprenez de moi, qui suis votre valet, que le Ciel punit tôt ou tard les impies[3], qu'une méchante vie amène une méchante mort, et que...

DOM JUAN. – Paix.

SGANARELLE. – De quoi est-il question ?

DOM JUAN. – Il est question de te dire qu'une beauté me tient au cœur, et qu'entraîné par ses appas[4], je l'ai suivie jusques en cette ville.

SGANARELLE. – Et ne craignez-vous rien, Monsieur, de la mort de ce Commandeur que vous tuâtes il y a six mois ?

DOM JUAN. – Et pourquoi craindre, ne l'ai-je pas bien tué ?

SGANARELLE. – Fort bien, le mieux du monde, et il aurait tort de se plaindre.

DOM JUAN. – J'ai eu ma grâce[5] de cette affaire.

SGANARELLE. – Oui, mais cette grâce n'éteint pas peut-être le ressentiment des parents et des amis, et...

DOM JUAN. – Ah ! n'allons point songer au mal qui nous peut arriver, et songeons seulement à ce qui nous peut donner du

---

1. ***Mirmidon*** : homme minuscule.
2. ***Pour être*** : parce que vous êtes.
3. ***Impies*** : personnes qui offensent la religion.
4. ***Appas*** : charmes.
5. ***J'ai eu ma grâce*** : j'ai été acquitté.

plaisir. La personne dont je te parle est une jeune fiancée, la plus agréable du monde, qui a été conduite ici par celui même qu'elle y vient épouser ; et le hasard me fit voir ce couple d'amants, trois ou quatre jours avant leur voyage. Jamais je n'ai vu deux personnes être si contents l'un de l'autre, et faire éclater plus d'amour. La tendresse visible de leurs mutuelles ardeurs[1] me donna de l'émotion ; j'en fus frappé au cœur, et mon amour commença par la jalousie. Oui, je ne pus souffrir[2] d'abord[3] de les voir si bien ensemble, le dépit alarma mes désirs, et je me figurai un plaisir extrême, à pouvoir troubler leur intelligence[4], et rompre cet attachement, dont la délicatesse de mon cœur se tenait offensée ; mais jusques ici tous mes efforts ont été inutiles, et j'ai recours au dernier remède. Cet époux prétendu doit aujourd'hui régaler sa maîtresse d'une promenade sur mer. Sans t'en avoir rien dit, toutes choses sont préparées pour satisfaire mon amour, et j'ai une petite barque, et des gens, avec quoi fort facilement je prétends enlever la belle.

SGANARELLE. – Ha ! Monsieur…

DOM JUAN. – Hein ?

SGANARELLE. – C'est fort bien à vous, et vous le prenez comme il faut, il n'est rien tel en ce monde, que de se contenter.

DOM JUAN. – Prépare-toi donc à venir avec moi, et prends soin toi-même d'apporter toutes mes armes, afin que… *(Il aperçoit Done Elvire)* Ah ! rencontre fâcheuse. Traître, tu ne m'avais pas dit qu'elle était ici elle-même.

SGANARELLE. – Monsieur, vous ne me l'avez pas demandé.

DOM JUAN. – Est-elle folle de n'avoir pas changé d'habit, et de venir en ce lieu-ci, avec son équipage de campagne[5] ?

---

1. ***Ardeurs*** : passions.
2. ***Souffrir*** : tolérer, accepter.
3. ***D'abord*** : aussitôt.
4. ***Intelligence*** : entente.
5. ***Équipage de campagne*** : tenue de voyage.

Scène 3

DONE ELVIRE, DOM JUAN, SGANARELLE

DONE ELVIRE. – Me ferez-vous la grâce, Dom Juan, de vouloir bien me reconnaître, et puis-je au moins espérer que vous daigniez tourner le visage de ce côté ?

DOM JUAN. – Madame, je vous avoue que je suis surpris, et que je ne vous attendais pas ici.

DONE ELVIRE. – Oui, je vois bien que vous ne m'y attendiez pas, et vous êtes surpris, à la vérité, mais tout autrement que je ne l'espérais, et la manière dont vous le paraissez me persuade pleinement ce que je refusais de croire. J'admire ma simplicité[1], et la faiblesse de mon cœur, à douter d'une trahison, que tant d'apparences me confirmaient. J'ai été assez bonne, je le confesse, ou plutôt assez sotte, pour me vouloir tromper moi-même, et travailler à démentir mes yeux et mon jugement. J'ai cherché des raisons, pour excuser à ma tendresse[2] le relâchement d'amitié qu'elle voyait en vous ; et je me suis forgé exprès cent sujets légitimes d'un départ si précipité, pour vous justifier du crime dont ma raison vous accusait. Mes justes soupçons chaque jour avaient beau me parler, j'en rejetais la voix qui vous rendait criminel à mes yeux, et j'écoutais avec plaisir mille chimères ridicules, qui vous peignaient innocent à mon cœur ; mais enfin cet abord ne me permet plus de douter, et le coup d'œil qui m'a reçue m'apprend bien plus de choses que je ne voudrais en savoir. Je serai bien aise pourtant d'ouïr de votre bouche les raisons de votre départ. Parlez, Dom Juan, je vous prie ; et voyons de quel air vous saurez vous justifier.

DOM JUAN. – Madame, voilà Sganarelle, qui sait pourquoi je suis

1. ***Simplicité*** : naïveté.
2. ***Tendresse*** : amour.

parti.

SGANARELLE. – Moi, Monsieur ? Je n'en sais rien, s'il vous plaît.

DONE ELVIRE. – Hé bien, Sganarelle, parlez, il n'importe de quelle bouche j'entende ses raisons.

DOM JUAN, *faisant signe d'approcher à Sganarelle.* – Allons, parle donc à Madame.

SGANARELLE. – Que voulez-vous que je dise ?

DONE ELVIRE. – Approchez, puisqu'on le veut ainsi, et me dites un peu les causes d'un départ si prompt[1].

DOM JUAN. – Tu ne répondras pas ?

SGANARELLE. – Je n'ai rien à répondre, vous vous moquez de votre serviteur.

DOM JUAN. – Veux-tu répondre, te dis-je ?

SGANARELLE. – Madame…

DONE ELVIRE. – Quoi ?

SGANARELLE, *se retournant vers son maître.* – Monsieur…

DOM JUAN, *en le menaçant.* – Si…

SGANARELLE. – Madame, les conquérants, Alexandre, et les autres mondes sont causes de notre départ ; voilà, Monsieur, tout ce que je puis dire.

DONE ELVIRE. – Vous plaît-il, Dom Juan, nous éclaircir ces beaux mystères ?

DOM JUAN. – Madame, à vous dire la vérité…

DONE ELVIRE. – Ah, que vous savez mal vous défendre pour un homme de cour, et qui doit être accoutumé à ces sortes de choses ! J'ai pitié de vous voir la confusion que vous avez. Que ne vous armez-vous le front[2] d'une noble effronterie ? Que ne me jurez-vous que vous êtes toujours dans les mêmes sentiments pour moi, que vous m'aimez toujours avec une ardeur sans égale, et que rien n'est capable de vous détacher de moi que la mort ! Que ne me dites-vous que des affaires de la dernière

1. ***Prompt*** : rapide.
2. ***Que ne vous armez-vous le front de*** : pourquoi ne simulez-vous pas.

conséquence[1] vous ont obligé à partir sans m'en donner avis, qu'il faut que malgré vous vous demeuriez ici quelque temps, et que je n'ai qu'à m'en retourner d'où je viens, assurée que vous suivrez mes pas le plus tôt qu'il vous sera possible ; qu'il est certain que vous brûlez de me rejoindre, et qu'éloigné de moi, vous souffrez ce que souffre un corps qui est séparé de son âme. Voilà comme il faut vous défendre, et non pas être interdit[2] comme vous êtes.

DOM JUAN. – Je vous avoue, Madame, que je n'ai point le talent de dissimuler, et que je porte un cœur sincère. Je ne vous dirai point que je suis toujours dans les mêmes sentiments pour vous, et que je brûle de vous rejoindre, puisque enfin il est assuré que je ne suis parti que pour vous fuir ; non point par les raisons que vous pouvez vous figurer, mais par un pur motif de conscience, et pour ne croire pas[3] qu'avec vous davantage je puisse vivre sans péché. Il m'est venu des scrupules, Madame, et j'ai ouvert les yeux de l'âme sur ce que je faisais. J'ai fait réflexion que pour vous épouser, je vous ai dérobée à la clôture d'un couvent, que vous avez rompu des vœux qui vous engageaient autre part[4], et que le Ciel est fort jaloux de ces sortes de choses. Le repentir m'a pris, et j'ai craint le courroux céleste. J'ai cru que notre mariage n'était qu'un adultère déguisé, qu'il nous attirerait quelque disgrâce d'en haut, et qu'enfin je devais tâcher de vous oublier, et vous donner moyen de retourner à vos premières chaînes[5]. Voudriez-vous, Madame, vous opposer à une si sainte pensée, et que j'allasse, en vous retenant, me mettre le Ciel sur les bras, que par…

DONE ELVIRE. – Ah ! scélérat, c'est maintenant que je te connais

1. ***De la dernière conséquence*** : de la plus haute importance.
2. ***Interdit*** : déconcerté, ahuri.
3. ***Pour ne croire pas*** : parce que je ne crois pas.
4. ***Autre part*** : à quelqu'un d'autre (Dieu).
5. ***Chaînes*** : promesses.

tout entier, et pour mon malheur, je te connais lorsqu'il n'en est plus temps, et qu'une telle connaissance ne peut plus me servir qu'à me désespérer ; mais sache que ton crime ne demeurera pas impuni ; et que le même Ciel dont tu te joues[1] me saura venger de ta perfidie.

DOM JUAN. – Sganarelle, le Ciel !

SGANARELLE. – Vraiment oui, nous nous moquons bien de cela, nous autres.

DOM JUAN. – Madame…

DONE ELVIRE. – Il suffit, je n'en veux pas ouïr davantage, et je m'accuse même d'en avoir trop entendu. C'est une lâcheté que de se faire expliquer trop sa honte ; et sur de tels sujets, un noble cœur au premier mot doit prendre son parti. N'attends pas que j'éclate ici en reproches et en injures, non, non, je n'ai point un courroux à exhaler en paroles vaines, et toute sa chaleur se réserve pour sa vengeance. Je te le dis encore, le Ciel te punira, perfide, de l'outrage que tu me fais, et si le Ciel n'a rien que tu puisses appréhender, appréhende du moins la colère d'une femme offensée.

SGANARELLE. – Si le remords le pouvait prendre.

DOM JUAN, *après une petite réflexion.* – Allons songer à l'exécution de notre entreprise amoureuse.

SGANARELLE. – Ah, quel abominable maître me vois-je obligé de servir !

1. ***Tu te joues*** : tu te moques.

Acte II[1]

Scène première

CHARLOTTE, PIERROT

CHARLOTTE. – Nostre-dinse[2], Piarrot, tu t'es trouvé là bien à point.

PIERROT. – Parquienne[3], il ne s'en est pas fallu l'épaisseur d'une éplinque qu'ils ne se sayant nayés tous deux.

CHARLOTTE. – C'est donc le coup de vent da matin qui les avait renvarsés dans la mar ?

PIERROT. – Aga, guien[4], Charlotte, je m'en vas te conter tout fin drait[5] comme cela est venu : car, comme dit l'autre, je les ai le premier avisés[6], avisés le premier je les ai. Enfin donc, j'étions sur le bord de la mar, moi et le gros Lucas, et je nous amusions à batifoler avec des mottes de tarre que je nous jesquions à la tête : car comme tu sais bian, le gros Lucas aime à batifoler, et moi par fouas je batifole itou[7]. En batifolant

1. Décor pour l'acte II : «un hameau de verdure avec une grotte au travers de laquelle on voit la mer» (Molière, *Œuvres complètes*, éd. Georges Couton, Gallimard, coll. « Bibliothèque de la Pléiade», 1971).
2. ***Nostre-dinse*** : juron, déformation et atténuation de «Notre-Dame». Molière reproduit dans toute cette scène le patois d'Île-de-France.
3. ***Parquienne*** : par Dieu, pardi (juron).
4. ***Aga, guien*** : tiens, regarde.
5. ***Tout fin drait*** : tout droit.
6. ***Avisés*** : aperçus.
7. ***Itou*** : de même.

donc, pisque batifoler y a, j'ai aparçu de tout loin queuque chose qui grouillait dans gliau[1], et qui venait comme envars nous par secousse. Je voyais cela fixiblement[2], et pis tout d'un coup je voyais que je ne voyais plus rien. Eh, Lucas, ç'ai-je fait, je pense que vlà des hommes qui nageant là-bas. – Voire, ce m'a-t-il fait, t'as été au trépassement d'un chat, t'as la vue trouble. – Palsanquienne[3], ç'ai-je fait, je n'ai point la vue trouble, ce sont des hommes. – Point du tout, ce m'a-t-il fait, t'as la barlue. – Veux-tu gager, ç'ai-je fait, que je n'ai point la barlue, ç'ai-je fait, et que ce sont deux hommes, ç'ai-je fait, qui nageant droit ici, ç'ai-je fait. – Morquenne[4], ce m'a-t-il fait, je gage que non. – Ô ça, ç'ai-je fait, veux-tu gager dix sols[5] que si ? – Je le veux bian, ce m'a-t-il fait, et pour te montrer, vlà argent su jeu, ce m'a-t-il fait. Moi, je n'ai point été ni fou, ni étourdi, j'ai bravement bouté à tarre[6] quatre pièces tapées[7], et cinq sols en doubles[8], jergniguenne[9], aussi hardiment que si j'avais avalé un varre de vin : car je ses hasardeux[10], moi, et je vas à la débandade[11]. Je savais bian ce que je faisais pourtant, queuque gniais[12] ! Enfin donc, je n'avons pas putôt eu

---

1. ***Gliau*** : l'eau.

2. ***Fixiblement*** : distinctement.

3. ***Palsanquienne*** : par le sang de Dieu, parsambleu (juron).

4. ***Morquenne*** : par la mort de Dieu (juron) ; on trouve aussi, plus loin, « marquenne » et « morqué ».

5. ***Sols*** : unité de monnaie. Un sol vaut douze deniers (unité de base du système monétaire de l'époque).

6. ***Bouté à tarre*** : jeté par terre.

7. ***Pièces tapées*** : sols parisis, pièces marquées d'une fleur de lys et valant chacune un sol et quart.

8. ***Doubles*** : pièces valant un sixième de sol. L'ensemble de la somme misée par Pierrot est de dix sols. À l'époque, le salaire journalier d'un ouvrier qualifié était de soixante sols environ.

9. ***Jergniguenne*** : je renie Dieu (juron).

10. ***Je ses hasardeux*** : je suis téméraire.

11. ***À la débandade*** : sans discipline, sans réfléchir.

12. ***Queuque gniais*** : seul un niais (n'aurait pas parié correctement).

■ Dans ce tableau, *La Barque de Don Juan* (1841, musée du Louvre), Eugène Delacroix illustre l'épisode du naufrage tel qu'il est raconté dans l'œuvre épique et burlesque du poète anglais Byron (*Don Juan*, 1819-1824). Mais à la veine satirique de l'écrivain, le peintre a substitué son sens du drame romantique.

■ Dans son tableau *Haydée découvrant le corps de Don Juan* (1878, musée d'Orsay), le peintre anglais Ford Madox Brown s'inspire, comme Delacroix, de l'œuvre de Byron pour représenter les premiers instants de l'idylle entre le héros, échoué sur la grève, et Haydée, la fille d'un pirate grec bien différente des paysannes que sont Charlotte et Mathurine.

gagé que j'avons vu les deux hommes tout à plain[1] qui nous faisiant signe de les aller quérir[2], et moi de tirer auparavant les enjeux[3]. Allons, Lucas, ç'ai-je dit, tu vois bian qu'ils nous appelont : allons vite à leu secours. – Non, ce m'a-t-il dit, ils m'ont fait pardre. Ô donc, tanquia, qu'à la parfin pour le faire court, je l'ai tant sarmonné, que je nous sommes boutés dans une barque, et pis j'avons tant fait cahin, caha, que je les avons tirés de gliau, et pis je les avons menés cheux nous auprès du feu, et pis ils se sant dépouillés tous nus pour se sécher, et pis il y en est venu encore deux de la même bande qui s'équiant[4] sauvés tout seuls, et pis Mathurine est arrivée là, à qui l'en a fait les doux yeux, vlà justement, Charlotte, comme tout ça s'est fait.

CHARLOTTE. – Ne m'as-tu pas dit, Piarrot, qu'il y en a un qu'est bien pus mieux fait que les autres ?

PIERROT. – Oui, c'est le maître. Il faut que ce soit queuque gros gros Monsieur, car il a du dor à son habit tout depis le haut jusqu'en bas, et ceux qui le servont sont des Monsieux eux-mêmes, et stapandant[5], tout gros Monsieur qu'il est, il serait, par ma fique[6], nayé, si je naviomme esté là.

CHARLOTTE. – Ardez[7] un peu.

PIERROT. – Ô parquenne, sans nous, il en avait pour sa maine de fèves[8].

CHARLOTTE. – Est-il encore cheux toi tout nu, Piarrot ?

PIERROT. – Nannain, ils l'avont rhabillé tout devant nous. Mon quieu, je n'en avais jamais vu s'habiller, que d'histoires et

---

1. ***Tout à plain*** : juste devant.
2. ***Quérir*** : chercher.
3. ***Tirer les enjeux*** : prendre l'argent gagné.
4. ***S'équiant*** : s'étaient.
5. ***Stapandant*** : cependant.
6. ***Fique*** : foi.
7. ***Ardez*** : regardez.
8. ***Pour sa maine de fèves*** : pour son compte.

d'angigorniaux[1] boutont[2] ces Messieus-là les courtisans. Je me pardrais là-dedans pour moi, et j'étais tout ébobi[3] de voir ça. Quien, Charlotte, ils avont des cheveux qui ne tenont point à leu tête, et ils boutont ça après tout comme un gros bonnet de filasse[4]. Ils ant des chemises qui ant des manches où j'entrerions tout brandis[5] toi et moi. En glieu d'haut-de-chausse[6], ils portont un garderobe[7] aussi large que d'ici à Pâques, en glieu de pourpoint[8], de petites brassières[9], qui ne leu venont pas usqu'au brichet[10], et en glieu de rabats[11] un grand mouchoir de cou à réziau[12] aveuc quatre grosses houppes[13] de linge qui leu pendont sur l'estomaque. Ils avont itou d'autres petits rabats au bout des bras, et de grands entonnois de passement[14] aux jambes, et parmi tout ça tant de rubans, tant de rubans, que c'est une vraye piquié. Ignia pas jusqu'au soulier qui n'en soyont farcis tout depis un bout jusqu'à l'autre, et ils sont faits d'eune façon que je me romprais le cou aveuc.

CHARLOTTE. – Par ma fi, Piarrot, il faut que j'aille voir un peu ça.

PIERROT. – Ô acoute un peu auparavant, Charlotte, j'ai queuque autre chose à te dire, moi.

CHARLOTTE. – Eh bian, dis, qu'est-ce que c'est.

PIERROT. – Vois-tu, Charlotte, il faut, comme dit l'autre, que je

---

1. ***Angigorniaux*** : «engins», choses compliquées.
2. ***Boutont*** : font.
3. ***Ébobi*** : ébahi.
4. ***Filasse*** : fibres textiles non encore filées, d'un blond pâle.
5. ***Tout brandis*** : tout d'un coup.
6. ***Haut-de-chausse*** : sorte de pantalon descendant jusqu'aux genoux.
7. ***Garderobe*** : tablier.
8. ***Pourpoint*** : veste.
9. ***Brassières*** : chemisettes de femme.
10. ***Brichet*** : ventre.
11. ***Rabats*** : cols.
12. ***À réziau*** : en dentelles.
13. ***Houppes*** : touffes, bouquets.
14. ***Entonnois de passement*** : ornements de dentelles attachés au bout du haut-de-chausse, au niveau du genou (canons).

débonde[1] mon cœur. Je t'aime, tu le sais bian, et je sommes pour être mariés ensemble, mais marquenne, je ne suis point satisfait de toi.

CHARLOTTE. – Quement ? qu'est-ce que c'est donc qu'iglia ?

PIERROT. – Iglia que tu me chagraignes l'esprit, franchement.

CHARLOTTE. – Et quement donc ?

PIERROT. – Testiguienne[2], tu ne m'aimes point.

CHARLOTTE. – Ah ah, n'est-ce que ça ?

PIERROT. – Oui, ce n'est que ça, et c'est bian assez.

CHARLOTTE. – Mon quieu, Piarrot, tu me viens toujou dire la même chose.

PIERROT. – Je te dis toujou la même chose, parce que c'est toujou la même chose, et si ce n'était pas toujou la même chose, je ne te dirais pas toujou la même chose.

CHARLOTTE. – Mais qu'est-ce qu'il te faut ? Que veux-tu ?

PIERROT. – Jerniquenne, je veux que tu m'aimes.

CHARLOTTE. – Est-ce que je ne t'aime pas ?

PIERROT. – Non, tu ne m'aimes pas, et si[3] je fais tout ce que je pis pour ça. Je t'achète sans reproche des rubans à tous les marciers qui passont, je me romps le cou à t'aller dénicher des marles[4], je fais jouer pour toi les vielleux[5] quand ce vient ta fête, et tout ça comme si je me frappais la tête contre un mur. Vois-tu, ça n'est ni biau ni honnête de n'aimer pas les gens qui nous aimont.

CHARLOTTE. – Mais, mon gnieu, je t'aime aussi.

---

1. ***Débonde*** : vide.

2. ***Testiguienne*** : par la tête de Dieu ; on trouve aussi, plus loin, « testigué ».

3. ***Et si*** : et pourtant.

4. ***T'aller dénicher des marles*** (merles) : aller te trouver ce qui peut t'être agréable.

5. ***Vielleux*** : joueurs de vielle (instrument à corde, ancêtre de l'orgue de Barbarie).

PIERROT. – Oui, tu m'aimes d'une belle dégaine[1].

CHARLOTTE. – Quement veux-tu donc qu'on fasse ?

PIERROT. – Je veux que l'en fasse comme l'en fait quand l'en aime comme il faut.

CHARLOTTE. – Ne t'aimé-je pas aussi comme il faut ?

PIERROT. – Non, quand ça est, ça se voit, et l'en fait mille petites singeries aux personnes quand on les aime du bon du cœur. Regarde la grosse Thomasse comme elle est assotée[2] du jeune Robain, alle est toujou autour de li à l'agacer, et ne le laisse jamais en repos. Toujou al li fait queuque niche, ou li baille queuque taloche en passant, et l'autre jour qu'il était assis sur un escabiau, al fut le tirer de dessous li, et le fit choir tout de son long par tarre. Jarni, vlà où l'en voit les gens qui aimont, mais toi, tu ne me dis jamais mot, t'es toujou là comme eune vraie souche de bois, et je passerais vingt fois devant toi que tu ne te grouillerais[3] pas pour me bailler le moindre coup, ou me dire la moindre chose. Ventrequenne[4], ça n'est pas bian, après tout, et t'es trop froide pour les gens.

CHARLOTTE. – Que veux-tu que j'y fasse ? C'est mon himeur, et je ne me pis refondre[5].

PIERROT. – Ignia himeur qui quienne, quand en a de l'amiquié pour les personnes, l'an en baille toujou queuque petite signifiance.

CHARLOTTE. – Enfin, je t'aime tout autant que je pis, et si tu n'es pas content de ça, tu n'as qu'à en aimer queuque autre.

PIERROT. – Eh bien, vlà pas mon compte ? Testigué, si tu m'aimais, me dirais-tu ça ?

CHARLOTTE. – Pourquoi me viens-tu aussi tarabuster l'esprit ?

PIERROT. – Morqué, queu mal te fais-je ? Je ne te demande qu'un

---

1. ***Dégaine*** : manière.
2. ***Assotée*** : amourachée, toquée.
3. ***Grouillerais*** : bougerais.
4. ***Ventrequenne*** : par le ventre de Dieu ; ventrebleu.
5. ***Refondre*** : refaire.

peu d'amiquié.

CHARLOTTE. – Eh bian, laisse faire aussi, et ne me presse point tant, peut-être que ça viendra tout d'un coup sans y songer.

PIERROT. – Touche donc là[1], Charlotte.

CHARLOTTE. – Eh bien, quien.

PIERROT. – Promets-moi donc que tu tâcheras de m'aimer davantage.

CHARLOTTE. – J'y ferai tout ce que je pourrai, mais il faut que ça vienne de lui-même. Piarrot, est-ce là ce Monsieur ?

PIERROT. – Oui, le vlà.

CHARLOTTE. – Ah ! mon quieu, qu'il est genti[2], et que ç'aurait été dommage qu'il eût été nayé.

PIERROT. – Je revians tout à l'heure[3], je m'en vas boire chopaine[4] pour me rebouter[5] tant soit peu de la fatigue que j'ais eue.

Scène 2

DOM JUAN, SGANARELLE, CHARLOTTE

DOM JUAN. – Nous avons manqué notre coup, Sganarelle, et cette bourrasque imprévue a renversé avec notre barque le projet que nous avions fait ; mais à te dire vrai, la paysanne que je viens de quitter répare ce malheur, et je lui ai trouvé des charmes qui effacent de mon esprit tout le chagrin que me donnait le mauvais succès[6] de notre entreprise. Il ne faut pas que ce cœur m'échappe, et j'y ai déjà jeté des dispositions à ne pas

1. ***Touche-là*** : tope-là.
2. ***Genti*** (gentil) : beau, « mignon » dirait-on aujourd'hui.
3. ***Tout à l'heure*** : dans un instant.
4. ***Chopaine*** : verre.
5. ***Rebouter*** : remettre.
6. ***Le mauvais succès*** : le résultat malheureux.

me souffrir longtemps de pousser des soupirs[1].

SGANARELLE. – Monsieur, j'avoue que vous m'étonnez ; à peine sommes-nous échappés d'un péril de mort, qu'au lieu de rendre grâce au Ciel de la pitié qu'il a daigné prendre de nous, vous travaillez tout de nouveau à attirer sa colère par vos fantaisies accoutumées, et vos amours cr... Paix, coquin que vous êtes, vous ne savez ce que vous dites, et Monsieur sait ce qu'il fait, allons.

DOM JUAN, *apercevant Charlotte*. – Ah ah, d'où sort cette autre paysanne, Sganarelle ? As-tu rien vu de plus joli, et ne trouves-tu pas, dis-moi, que celle-ci vaut bien l'autre ?

SGANARELLE. – Assurément. Autre pièce nouvelle.

DOM JUAN. – D'où me vient, la belle, une rencontre si agréable ? Quoi, dans ces lieux champêtres, parmi ces arbres et ces rochers, on trouve des personnes faites comme vous êtes ?

CHARLOTTE. – Vous voyez, Monsieur.

DOM JUAN. – Êtes-vous de ce village ?

CHARLOTTE. – Oui, Monsieur.

DOM JUAN. – Et vous y demeurez ?

CHARLOTTE. – Oui, Monsieur.

DOM JUAN. – Vous vous appelez ?

CHARLOTTE. – Charlotte, pour vous servir.

DOM JUAN. – Ah ! la belle personne, et que ses yeux sont pénétrants !

CHARLOTTE. – Monsieur, vous me rendez toute honteuse.

DOM JUAN. – Ah, n'ayez point de honte d'entendre dire vos vérités. Sganarelle, qu'en dis-tu ? Peut-on rien voir de plus agréable ? Tournez-vous un peu, s'il vous plaît, ah, que cette taille est jolie ! Haussez un peu la tête, de grâce, ah, que ce visage est mignon ! Ouvrez vos yeux entièrement, ah, qu'ils sont beaux ! Que je voie un peu vos dents, je vous prie, ah, qu'elles sont amoureuses ! et ces lèvres appétissantes ! Pour moi, je suis

1. ***Des dispositions à ne pas me souffrir longtemps de pousser des soupirs*** : des sentiments (l'amour) tels qu'elle s'offrira rapidement à moi.

ravi, et je n'ai jamais vu une si charmante personne.

CHARLOTTE. – Monsieur, cela vous plaît à dire, et je ne sais pas si c'est pour vous railler de moi.

DOM JUAN. – Moi, me railler de vous ? Dieu m'en garde, je vous aime trop pour cela, et c'est du fond du cœur que je vous parle.

CHARLOTTE. – Je vous suis bien obligée[1], si ça est.

DOM JUAN. – Point du tout, vous ne m'êtes point obligée de tout ce que je dis, et ce n'est qu'à votre beauté que vous en êtes redevable.

CHARLOTTE. – Monsieur, tout ça est trop bien dit pour moi, et je n'ai pas d'esprit pour vous répondre.

DOM JUAN. – Sganarelle, regarde un peu ses mains.

CHARLOTTE. – Fi, Monsieur, elles sont noires comme je ne sais quoi.

DOM JUAN. – Ha, que dites-vous là, elles sont les plus belles du monde, souffrez que je les baise, je vous prie.

CHARLOTTE. – Monsieur, c'est trop d'honneur que vous me faites, et si j'avais su ça tantôt, je n'aurais pas manqué de les laver avec du son.

DOM JUAN. – Et dites-moi un peu, belle Charlotte, vous n'êtes pas mariée sans doute ?

CHARLOTTE. – Non, Monsieur, mais je dois bientôt l'être avec Piarrot, le fils de la voisine Simonette.

DOM JUAN. – Quoi, une personne comme vous serait la femme d'un simple paysan ? Non, non, c'est profaner tant de beautés, et vous n'êtes pas née pour demeurer dans un village, vous méritez sans doute une meilleure fortune, et le Ciel, qui le connaît[2] bien, m'a conduit ici tout exprès pour empêcher ce mariage, et rendre justice à vos charmes : car enfin, belle Charlotte, je vous aime de tout mon cœur, et il ne tiendra

---

1. ***Obligée*** : redevable, reconnaissante.
2. ***Connaît*** : sait

qu'à vous que je vous arrache de ce misérable lieu, et ne vous mette dans l'état où vous méritez d'être ; cet amour est bien prompt sans doute ; mais quoi, c'est un effet, Charlotte, de votre grande beauté, et l'on vous aime autant en un quart d'heure, qu'on ferait[1] une autre en six mois.

CHARLOTTE. – Aussi vrai, Monsieur, je ne sais comment faire quand vous parlez, ce que vous dites me fait aise, et j'aurais toutes les envies du monde de vous croire ; mais on m'a toujou dit qu'il ne faut jamais croire les Monsieux, et que vous autres courtisans êtes des enjôleus, qui ne songez qu'à abuser[2] les filles.

DOM JUAN. – Je ne suis pas de ces gens-là.

SGANARELLE. – Il n'a garde[3].

CHARLOTTE. – Voyez-vous, Monsieur, il n'y a pas plaisir à se laisser abuser, je suis une pauvre paysanne, mais j'ai l'honneur en recommandation[4], et j'aimerais mieux me voir morte que de me voir déshonorée.

DOM JUAN. – Moi, j'aurais l'âme assez méchante pour abuser une personne comme vous, je serais assez lâche pour vous déshonorer ? Non, non, j'ai trop de conscience pour cela, je vous aime, Charlotte, en tout bien et en tout honneur, et pour vous montrer que je vous dis vrai, sachez que je n'ai point d'autre dessein[5] que de vous épouser ; en voulez-vous un plus grand témoignage, m'y voilà prêt quand vous voudrez, et je prends à témoin l'homme que voilà de la parole que je vous donne.

SGANARELLE. – Non, non, ne craignez point, il se mariera avec vous tant que vous voudrez.

DOM JUAN. – Ah, Charlotte, je vois bien que vous ne me connais-

---

1. ***Ferait*** : aimerait.
2. ***Abuser*** : séduire par de fausses promesses.
3. ***Il n'a garde*** : il n'a pas cette intention.
4. ***J'ai l'honneur en recommandation*** : je me soucie de mon honneur.
5. ***Dessein*** : intention.

sez pas encore, vous me faites grand tort de juger de moi par les autres, et s'il y a des fourbes dans le monde, des gens qui ne cherchent qu'à abuser des filles, vous devez me tirer du nombre, et ne pas mettre en doute la sincérité de ma foi[1], et puis votre beauté vous assure de tout. Quand on est faite comme vous, on doit être à couvert de toutes ces sortes de crainte, vous n'avez point l'air, croyez-moi, d'une personne qu'on abuse, et pour moi, je l'avoue, je me percerais le cœur de mille coups, si j'avais eu la moindre pensée de vous trahir.

CHARLOTTE. – Mon Dieu, je ne sais si vous dites vrai ou non, mais vous faites que l'on vous croit.

DOM JUAN. – Lorsque vous me croirez, vous me rendrez justice assurément, et je vous réitère encore la promesse que je vous ai faite, ne l'acceptez-vous pas ? Et ne voulez-vous pas consentir à être ma femme ?

CHARLOTTE. – Oui, pourvu que ma tante le veuille.

DOM JUAN. – Touchez donc là, Charlotte, puisque vous le voulez bien de votre part.

CHARLOTTE. – Mais au moins, Monsieur, ne m'allez pas tromper, je vous prie, il y aurait de la conscience à vous[2], et vous voyez comme j'y vais à la bonne foi[3].

DOM JUAN. – Comment, il semble que vous doutiez encore de ma sincérité ? Voulez-vous que je fasse des serments épouvantables ? Que le Ciel…

CHARLOTTE. – Mon Dieu, ne jurez point, je vous crois.

DOM JUAN. – Donnez-moi donc un petit baiser pour gage de votre parole.

CHARLOTTE. – Oh, Monsieur, attendez que je soyons mariés, je vous prie, après ça je vous baiserai tant que vous voudrez.

DOM JUAN. – Eh bien, belle Charlotte, je veux tout ce que vous

---

1. ***Foi*** : parole, promesse.
2. ***Il y aurait de la conscience à vous*** : vous auriez ce crime sur la conscience.
3. ***J'y vais à la bonne foi*** : je (vous) fais confiance.

voulez, abandonnez-moi seulement votre main, et souffrez que par mille baisers je lui exprime le ravissement où je suis…

Scène 3

DOM JUAN, SGANARELLE, PIERROT, CHARLOTTE

PIERROT, *se mettant entre deux et poussant Dom Juan.* – Tout doucement, Monsieur, tenez-vous, s'il vous plaît, vous vous échauffez trop, et vous pourriez gagner la purésie[1].

DOM JUAN, *repoussant rudement Pierrot.* – Qui[2] m'amène cet impertinent ?

PIERROT. – Je vous dis qu'ou[3] vous tegniez, et qu'ou ne caressiais point nos accordées[4].

DOM JUAN *continue de le repousser.* – Ah, que de bruit.

PIERROT. – Jerniquenne, ce n'est pas comme ça qu'il faut pousser les gens.

CHARLOTTE, *prenant Pierrot par le bras.* – Et laisse-le faire aussi, Piarrot.

PIERROT. – Quement, que je le laisse faire. Je ne veux pas, moi !

DOM JUAN. – Ah.

PIERROT. – Testiguenne, parce qu'ous êtes Monsieu, ous viendrez caresser nos femmes à notre barbe ? Allez-v's-en caresser les vôtres.

DOM JUAN. – Heu ?

PIERROT. – Heu. *(Dom Juan lui donne un soufflet.)* Testigué, ne me frappez pas *(autre soufflet)*. Oh, jernigué *(autre soufflet)*. Ventrequé *(autre soufflet)*. Palsanqué, morquenne, ça n'est pas

1. ***Purésie*** : pleurésie, inflammation du poumon.
2. ***Qui*** : qu'est-ce qui.
3. ***Qu'ou*** : que vous.
4. ***Accordées*** : promises, fiancées.

bian de battre les gens, et ce n'est pas là la récompense de v's avoir sauvé d'être nayé.

CHARLOTTE. – Piarrot, ne te fâche point.

PIERROT. – Je me veux fâcher, et t'es une vilaine, toi, d'endurer qu'on te cajole.

CHARLOTTE. – Oh, Piarrot, ce n'est pas ce que tu penses, ce Monsieur veut m'épouser, et tu ne dois pas te bouter en colère[1].

PIERROT. – Quement ? Jerni, tu m'es promise.

CHARLOTTE. – Ça n'y fait rien, Piarrot, si tu m'aimes, ne dois-tu pas être bien aise que je devienne Madame ?

PIERROT. – Jerniqué, non, j'aime mieux te voir crevée que de te voir à un autre.

CHARLOTTE. – Va, va, Piarrot, ne te mets point en peine ; si je sis Madame, je te ferai gagner queuque chose, et tu apporteras du beurre et du fromage cheux nous.

PIERROT. – Ventrequenne, je gni en porterai jamais quand tu m'en paierais deux fois autant. Est-ce donc comme ça que t'écoutes ce qu'il te dit ? Morquenne, si j'avais su ça tantôt, je me serais bian gardé de le tirer de gliau, et je gli aurais baillé un bon coup d'aviron sur la tête.

DOM JUAN, *s'approchant de Pierrot pour le frapper.* – Qu'est-ce que vous dites ?

PIERROT, *s'éloignant derrière Charlotte.* – Jerniquenne, je ne crains parsonne.

DOM JUAN *passe du côté où est Pierrot.* – Attendez-moi un peu.

PIERROT *repasse de l'autre côté de Charlotte.* – Je me moque de tout, moi.

DOM JUAN *court après Pierrot.* – Voyons cela.

PIERROT *se sauve encore derrière Charlotte.* – J'en avons bien vu d'autres.

DOM JUAN. – Houais.

---

1. ***Te bouter en colère*** : te mettre en colère.

SGANARELLE. – Eh, Monsieur, laissez là ce pauvre misérable. C'est conscience[1] de le battre. Écoute, mon pauvre garçon, retire-toi, et ne lui dis rien.

PIERROT *passe devant Sganarelle, et dit fièrement à Dom Juan.* – Je veux lui dire, moi.

DOM JUAN *lève la main pour donner un soufflet à Pierrot, qui baisse la tête, et Sganarelle reçoit le soufflet.* – Ah, je vous apprendrai.

SGANARELLE, *regardant Pierrot qui s'est baissé pour éviter le soufflet.* – Peste soit du maroufle[2].

DOM JUAN. – Te voilà payé de ta charité.

PIERROT. – Jarni, je vas dire à sa tante tout ce ménage-ci.

DOM JUAN. – Enfin, je m'en vais être le plus heureux de tous les hommes, et je ne changerais pas mon bonheur à[3] toutes les choses du monde. Que de plaisirs quand vous serez ma femme, et que…

Scène 4

DOM JUAN, SGANARELLE, CHARLOTTE, MATHURINE

SGANARELLE, *apercevant Mathurine.* – Ah, ah.

MATHURINE, *à Dom Juan.* – Monsieur, que faites-vous donc là avec Charlotte, est-ce que vous lui parlez d'amour aussi ?

DOM JUAN, *à Mathurine.* – Non, au contraire, c'est elle qui me témoignait une envie d'être ma femme, et je lui répondais que j'étais engagé à vous.

CHARLOTTE. – Qu'est-ce que c'est donc que vous veut Mathurine ?

---

1. ***C'est conscience*** : c'est une honte.
2. ***Maroufle*** : péquenot.
3. ***À*** : pour.

DOM JUAN, *bas, à Charlotte.* – Elle est jalouse de me voir vous parler, et voudrait bien que je l'épousasse, mais je lui dis que c'est vous que je veux.

MATHURINE. – Quoi, Charlotte...

DOM JUAN, *bas, à Mathurine.* – Tout ce que vous lui direz sera inutile, elle s'est mis cela dans la tête.

CHARLOTTE. – Quement donc Mathurine...

DOM JUAN, *bas, à Charlotte.* – C'est en vain que vous lui parlerez, vous ne lui ôterez point cette fantaisie[1].

MATHURINE. – Est-ce que...

DOM JUAN, *bas, à Mathurine.* – Il n'y a pas moyen de lui faire entendre raison.

CHARLOTTE. – Je voudrais...

DOM JUAN, *bas, à Charlotte.* – Elle est obstinée comme tous les diables.

MATHURINE. – Vrament...

DOM JUAN, *bas, à Mathurine.* – Ne lui dites rien, c'est une folle.

CHARLOTTE. – Je pense...

DOM JUAN, *bas, à Charlotte.* – Laissez-la là, c'est une extravagante.

MATHURINE. – Non, non, il faut que je lui parle.

CHARLOTTE. – Je veux voir un peu ses raisons.

MATHURINE. – Quoi...

DOM JUAN, *bas, à Mathurine.* – Je gage qu'elle va vous dire que je lui ai promis de l'épouser.

CHARLOTTE. – Je...

DOM JUAN, *bas, à Charlotte.* – Gageons qu'elle vous soutiendra que je lui ai donné parole de la prendre pour femme.

MATHURINE. – Holà, Charlotte, ça n'est pas bian de courir sur le marché[2] des autres.

CHARLOTTE. – Ça n'est pas honnête, Mathurine, d'être jalouse que Monsieur me parle.

---

1. ***Fantaisie*** : rêve, fantasme.

2. ***Courir sur le marché*** : marcher sur les plates-bandes.

MATHURINE. – C'est moi que Monsieur a vue la première.

CHARLOTTE. – S'il vous a vue la première, il m'a vue la seconde, et m'a promis de m'épouser.

DOM JUAN, *bas, à Mathurine.* – Eh bien, que vous ai-je dit ?

MATHURINE. – Je vous baise les mains[1], c'est moi, et non pas vous qu'il a promis d'épouser.

DOM JUAN, *bas, à Charlotte.* – N'ai-je pas deviné ?

CHARLOTTE. – À d'autres, je vous prie, c'est moi, vous dis-je.

MATHURINE. – Vous vous moquez des gens, c'est moi, encore un coup.

CHARLOTTE. – Le vlà qui est pour le dire, si je n'ai pas raison.

MATHURINE. – Le vlà qui est pour me démentir, si je ne dis pas vrai.

CHARLOTTE. – Est-ce, Monsieur, que vous lui avez promis de l'épouser ?

DOM JUAN, *bas, à Charlotte.* – Vous vous raillez de moi.

MATHURINE. – Est-il vrai, Monsieur, que vous lui avez donné parole d'être son mari ?

DOM JUAN, *bas, à Mathurine.* – Pouvez-vous avoir cette pensée ?

CHARLOTTE. – Vous voyez qu'al le soutient.

DOM JUAN, *bas, à Charlotte.* – Laissez-la faire.

MATHURINE. – Vous êtes témoin comme al l'assure.

DOM JUAN, *bas, à Mathurine.* – Laissez-la dire.

CHARLOTTE. – Non, non, il faut savoir la vérité.

MATHURINE. – Il est question de juger ça.

CHARLOTTE. – Oui, Mathurine, je veux que Monsieur vous montre votre bec jaune[2].

---

1. ***Je vous baise les mains*** : pardon ! (formule ironique d'opposition).

2. ***Vous montre votre bec jaune*** : vous prouve que vous êtes sotte (comme un oison).

Le Festin de pierre au Palais-Royal

Dom Juan ou le Festin de pierre a été représenté pour la première fois au théâtre du Palais-Royal le 15 février 1665.

Archives Flammarion

◀ *Frontispice du Festin de pierre*, t. VII des *Œuvres posthumes de Monsieur de Molière*, D. Thierry, C. Barbin, P. Trabouillet (1682). Dessiné par Pierre Brissart. Gravé par Jean Sauvé.
En 1682, paraît la première édition illustrée de *Dom Juan ou le Festin de pierre*.
Sur le frontispice de l'œuvre, l'artiste a reproduit le plus fidèlement possible le décor des premières représentations. Comme au théâtre du Palais-Royal, la scène est éclairée par un grand lustre à bougies. Muni d'un flambeau, Dom Juan défie du regard le Commandeur tandis que Sganarelle, effrayé, lui tourne le dos.

© Marc Enguérand / CDDS

▶ En 1977, Ariane Mnouchkine réalise un film très documenté sur la vie de Molière. À cette occasion, elle reconstitue un théâtre semblable à la salle du Palais-Royal où se tenaient les représentations à l'époque de Molière (décors de Guy-Claude François). C'est dans ce décor que Philippe Caubère, interprète du rôle de Molière dans le film de Mnouchkine, choisit de mettre en scène *Dom Juan* la même année à la cartoucherie de Vincennes. Il offre ainsi aux spectateurs la possibilité de voir la pièce dans une salle de théâtre évoquant le lieu de sa première représentation.

Sganarelle

Molière voue une grande admiration à la troupe des comédiens-italiens dirigée par Tiberio Fiorilli, avec laquelle il partage la scène du Palais-Royal dès 1661 et qui l'influence dans l'écriture et la mise en scène de ses comédies.

Sganarelle, le valet de Dom Juan, ressemble à Scaramouche, personnage vantard et peureux de la *commedia dell'arte*. Tous deux portent justaucorps, haut-de-chausse, béret et manteau. De même que Tiberio Fiorilli interprète le rôle de Scaramouche sur scène, c'est Molière lui-même qui revêt le costume de Sganarelle chaque fois qu'il apparaît dans ses pièces (*L'Amour médecin*, *Le Médecin malgré lui*...).

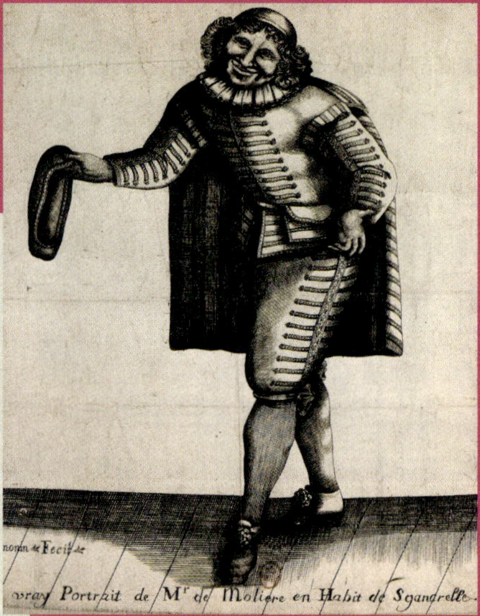

Le Vrai Portrait de M. de Molière en habit de Sganarelle, gravé au XVIIe siècle par Claude Simonin.

Estampe de Scaramouche par Robert Bonnart (1680).

Une « pièce à machines »

La pièce, qui se déroule dans l'intervalle d'une journée et demie, multiplie les décors, y compris au sein d'une même scène. Certains changements, notamment à la scène 5 de l'acte III, doivent se faire « à vue », c'est-à-dire sous les yeux des spectateurs. Aussi les décorateurs font-ils preuve d'ingéniosité et, souvent, recourent à une machinerie sophistiquée.

▶ Décors de Christian Bérard pour la mise en scène de Louis Jouvet au théâtre de l'Athénée (1948). Christian Bérard invente un décor mobile représentant deux lieux en même temps. La demeure de Dom Juan rappelle l'Espagne baroque par ses lignes sobres et épurées…

◀ … À l'acte V, scène 7, la demeure se transforme en une crypte lugubre où apparaissent quatre squelettes vêtus de pèlerines blanches. Au centre, un cercueil de marbre s'entrouvre laissant apparaître un autre squelette, celui de Dom Juan. Ce dispositif scénique traduit une interprétation fantastique et macabre du dénouement de la pièce.

▶ Maquette en volume du *Dom Juan* mis en scène par Jacques Lassalle à la Comédie-Française (1993). Décors : Rudy Sabounghi. Jacques Lassalle choisit de métamorphoser la scène au fur et à mesure de la représentation. Progressivement, un mur massif de bois clair s'avance vers les spectateurs, depuis le fond de la scène jusqu'à un mètre des premiers rangs, et enserre Dom Juan comme le ferait un étau. Au centre du mur, le mausolée du Commandeur semble dominer la scène.

De la pièce à la mise en scène

Comédie, *Le Festin de pierre* ne prête pas toujours à rire. Les mises en scène peuvent choisir d'insister sur la part d'ombre de l'« épouseur à toutes mains », hypocrite et cruel envers ses conquêtes, dans un registre proche du tragique, ou, au contraire, d'accentuer la dimension comique de la pièce, dont témoignent les bouffonneries du valet Sganarelle et les scènes de séduction des paysannes dans l'acte II.

I. Le « grand seigneur méchant homme »

◀ **Costume de Dom Juan dessiné par Rudy Saboungi pour la mise en scène de Jacques Lassalle à la Comédie-Française (1993).** Cette mise en scène insiste sur la noirceur du « grand seigneur méchant homme ». Celui qui ose provoquer la mort en personne porte un costume très sombre et épuré. L'épée sur le côté, il est l'homme du défi contrastant par son austérité avec les fanfaronnades de son valet Sganarelle.

▶ **Anne Cressent (Elvire) et Daniel Mesguich (Dom Juan). Mise en scène de Daniel Mesguich. Théâtre de Saint-Quentin-en-Yvelines (2003).** Dans cette mise en scène également, la froideur et le caractère énigmatique de Dom Juan transparaissent dans son costume. Il apparaît vêtu d'un imperméable de cuir noir quand Elvire, elle, évolue dans une robe blanche, fine et légère.

II. Elvire, entre le Ciel et l'Enfer

Le personnage d'Elvire, qui ne figure pas dans *L'Abuseur de Séville* de Tirso de Molina (1630), est une invention de Molière. Cette épouse fidèle ne cesse de revenir vers celui qu'elle aime passionnément même s'il la fait souffrir et s'il la fuit. Face à la dangereuse tentation qu'incarne le séducteur, la religion est son seul salut. Elvire entend d'ailleurs sauver l'âme de Dom Juan et s'efforce de le convaincre de changer de vie. Elle est souvent représentée cachant son visage derrière un long tissu qui préfigure le spectre de la femme voilée de l'acte V.

▲ Monique Chaumette (Elvire) dans la mise en scène de Jean Vilar à Avignon (1953).

III. La comédie de *Dom Juan*

◀ Philippe Caubère (Dom Juan) et Clémence Massart (Charlotte). Mise en scène de Philippe Caubère. Théâtre de la Cartoucherie (1977). Libertin, Dom Juan s'amuse à collectionner les femmes, ce qui donne parfois lieu à des scènes de séduction comiques, comme à l'acte II avec les jeunes paysannes Charlotte et Mathurine. Dans sa mise en scène, Philippe Caubère utilise des faux nez de carnaval, des moustaches et des perruques. Il fait de *Dom Juan* une farce légère proche d'un spectacle de clowns.

▶ Omar Porras (Sganarello) et Philippe Gouin (Dom Juan Tenorio) dans *El Don Juan* d'après Tirso de Molina. Mise en scène d'Omar Porras. Théâtre de la Ville (2005). S'inspirant de la version de Tirso de Molina dans *L'Abuseur de Séville*, Omar Porras met en scène un spectacle baroque intitulé *El Don Juan*. Il reprend la tradition de la *commedia dell'arte* en choisissant de masquer à demi-visage les comédiens pour créer un effet grotesque haut en couleur.

IV. Dom Juan face au Commandeur

Comment représenter « une statue qui marche et qui parle » ? Le personnage du Commandeur participe du mythe de Dom Juan. Cette créature de l'au-delà, qui vient infliger l'ultime et effroyable châtiment au libertin qui l'a défié, a donné lieu à de multiples interprétations.

▲ Sganarelle (Daniel Sorano) et Dom Juan (Jean Vilar) à Avignon (1953).

© Marc Enguérand / CDDS

▲ Le Commandeur (Enrico Horn) et Dom Juan (Andrzej Seweryn). Mise en scène de Jacques Lassalle. Comédie-Française, 1993.

▶ Philippe Caubère (Dom Juan). Mise en scène de Philippe Caubère. Théâtre de la Cartoucherie (1977).

© Michèle Laurent

	Photo 1	Photo 2	Photo 3
Description du Commandeur (aspect, costume, regard, taille)			
Attitude de Dom Juan			
Qu'a voulu souligner le metteur en scène ?			

Le mythe de Dom Juan dans les arts

Le mythe de Dom Juan se construit au fil de ses réécritures littéraires mais aussi artistique[s] et picturales. Il est à l'origine de nombreuses créations dont chacune témoigne d'une interprétation singulière de la pièce.

Archives Flammarion

◀ *Dom Juan et la statue du Commandeur*, par Fragonard (1830). Musée des Beaux-arts de Strasbourg.

▶ *Don Giovanni*, par André Masson (1977). Lithographie, imprimée par Mourlot, Paris.

Questions

1. Comparez les représentations de Fragonard et de Masson (personnages en présence, plan, composition, couleurs).
2. Que nous révèlent le jeu des regards et la posture de chacun des personnages ?
3. En quoi ces deux œuvres proposent-elles une interprétation différente du personnage de Dom Juan ?

■ Dom Juan (Michel Piccoli) entouré de Charlotte (Josée Steiner) et de Mathurine (Françoise Caillaud) dans l'adaptation filmique de la pièce réalisée par Marcel Bluwal (1965).

MATHURINE. – Oui, Charlotte, je veux que Monsieur vous rende un peu camuse[1].

CHARLOTTE. – Monsieur, videz[2] la querelle, s'il vous plaît.

MATHURINE. – Mettez-nous d'accord, Monsieur.

CHARLOTTE, *à Mathurine.* – Vous allez voir.

MATHURINE, *à Charlotte.* – Vous allez voir vous-même.

CHARLOTTE, *à Dom Juan.* – Dites.

MATHURINE, *à Dom Juan.* – Parlez.

DOM JUAN, *embarrassé, leur dit à toutes deux.* – Que voulez-vous que je dise ? Vous soutenez également toutes deux que je vous ai promis de vous prendre pour femmes. Est-ce que chacune de vous ne sait pas ce qui en est, sans qu'il soit nécessaire que je m'explique davantage ? Pourquoi m'obliger là-dessus à des redites ? Celle à qui j'ai promis effectivement n'a-t-elle pas en elle-même de quoi se moquer des discours de l'autre, et doit-elle se mettre en peine pourvu que j'accomplisse ma promesse ? Tous les discours n'avancent point les choses, il faut faire, et non pas dire, et les effets[3] décident mieux que les paroles. Aussi n'est-ce rien que par là[4] que je vous veux mettre d'accord, et l'on verra quand je me marierai, laquelle des deux a mon cœur, *(bas, à Mathurine)* laissez-lui croire ce qu'elle voudra, *(bas, à Charlotte)* laissez-la se flatter dans son imagination, *(bas, à Mathurine)* je vous adore, *(bas, à Charlotte)* je suis tout à vous, *(bas, à Mathurine)* tous les visages sont laids auprès du vôtre, *(bas, à Charlotte)* on ne peut plus souffrir les autres quand on vous a vue. J'ai un petit ordre à donner, je viens vous retrouver dans un quart d'heure.

CHARLOTTE, *à Mathurine.* – Je suis celle qu'il aime, au moins.

---

1. ***Vous rende un peu camuse*** : vous écrase un peu le nez, c'est-à-dire vous rabatte un peu le caquet.

2. ***Videz*** : mettez fin à.

3. ***Effets*** : actions.

4. ***Par là*** : de cette façon (en me mariant).

MATHURINE. – C'est moi qu'il épousera.

SGANARELLE. – Ah, pauvres filles que vous êtes, j'ai pitié de votre innocence, et je ne puis souffrir de vous voir courir à votre malheur. Croyez-moi l'une et l'autre, ne vous amusez point à tous les contes qu'on vous fait, et demeurez dans votre village.

DOM JUAN, *revenant.* – Je voudrais bien savoir pourquoi Sganarelle ne me suit pas.

SGANARELLE, *à ces filles.* – Mon maître est un fourbe, il n'a dessein que de vous abuser, et en a bien abusé d'autres, c'est l'épouseur du genre humain, et... *(il aperçoit Dom Juan)* cela est faux, et quiconque vous dira cela, vous lui devez dire qu'il en a menti. Mon maître n'est point l'épouseur du genre humain, il n'est point fourbe, il n'a pas dessein de vous tromper, et n'en a point abusé d'autres. Ah, tenez, le voilà, demandez-le plutôt à lui-même.

DOM JUAN. – Oui.

SGANARELLE. – Monsieur, comme le monde est plein de médisants, je vais au-devant des choses, et je leur disais que si quelqu'un leur venait dire du mal de vous, elles se gardassent bien de le croire, et ne manquassent pas de lui dire qu'il en aurait menti.

DOM JUAN. – Sganarelle.

SGANARELLE. – Oui, Monsieur est homme d'honneur, je le garantis tel.

DOM JUAN. – Hon.

SGANARELLE. – Ce sont des impertinents.

Scène 5

DOM JUAN, LA RAMÉE, CHARLOTTE, MATHURINE, SGANARELLE

LA RAMÉE. – Monsieur, je viens vous avertir qu'il ne fait pas bon ici pour vous.

DOM JUAN. – Comment ?

LA RAMÉE. – Douze hommes à cheval vous cherchent, qui doivent arriver ici dans un moment ; je ne sais pas par quel moyen ils peuvent vous avoir suivi, mais j'ai appris cette nouvelle d'un paysan qu'ils ont interrogé, et auquel ils vous ont dépeint. L'affaire presse, et le plus tôt que vous pourrez sortir d'ici sera le meilleur.

DOM JUAN, *à Charlotte et Mathurine.* – Une affaire pressante m'oblige à partir d'ici, mais je vous prie de vous ressouvenir de la parole que je vous ai donnée, et de croire que vous aurez de mes nouvelles avant qu'il soit demain au soir. Comme la partie n'est pas égale, il faut user de stratagème, et éluder[1] adroitement le malheur qui me cherche ; je veux que Sganarelle se revête de mes habits, et moi…

SGANARELLE. – Monsieur, vous vous moquez, m'exposer à être tué sous vos habits, et…

DOM JUAN. – Allons vite, c'est trop d'honneur que je vous fais, et bien heureux est le valet qui peut avoir la gloire de mourir pour son maître.

SGANARELLE. – Je vous remercie d'un tel honneur. Ô Ciel, puisqu'il s'agit de mort, fais-moi la grâce de n'être point pris pour un autre.

1. ***Éluder*** : éviter.

Acte III[1]

Scène première

DOM JUAN, *en habit de campagne*
SGANARELLE, *en médecin*

SGANARELLE. – Ma foi, Monsieur, avouez que j'ai eu raison, et que nous voilà l'un et l'autre déguisés à merveille. Votre premier dessein n'était point du tout à propos, et ceci nous cache bien mieux que tout ce que vous vouliez faire.

DOM JUAN. – Il est vrai que te voilà bien, et je ne sais où tu as été déterrer cet attirail ridicule.

SGANARELLE. – Oui ? C'est l'habit d'un vieux médecin qui a été laissé en gage au lieu où je l'ai pris, et il m'en a coûté de l'argent pour l'avoir. Mais savez-vous, Monsieur, que cet habit me met déjà en considération ? que je suis salué des gens que je rencontre, et que l'on me vient consulter ainsi qu'un habile homme ?

DOM JUAN. – Comment donc ?

SGANARELLE. – Cinq ou six paysans et paysannes, en me voyant passer, me sont venus demander mon avis sur différentes maladies.

DOM JUAN. – Tu leur as répondu que tu n'y entendais rien[2] ?

SGANARELLE. – Moi, point du tout, j'ai voulu soutenir l'honneur

---

1. Décor pour l'acte III : « une forêt avec à l'arrière-plan une manière de temple entouré de verdure, puis le dedans d'un temple » (Georges Couton, éd. cit.).

2. ***Que tu n'y entendais rien*** : que tu n'y comprenais rien, que tu n'étais pas médecin.

de mon habit, j'ai raisonné sur le mal, et leur ai fait des ordonnances à chacun.

DOM JUAN. – Et quels remèdes encore leur as-tu ordonnés ?

SGANARELLE. – Ma foi, Monsieur, j'en ai pris par où j'en ai pu attraper, j'ai fait mes ordonnances à l'aventure[1], et ce serait une chose plaisante si les malades guérissaient, et qu'on m'en vînt remercier.

DOM JUAN. – Et pourquoi non ? Par quelle raison n'aurais-tu pas les mêmes privilèges qu'ont tous les autres médecins ? Ils n'ont pas plus de part que toi aux guérisons des malades, et tout leur art est pure grimace[2]. Ils ne font rien que recevoir la gloire des heureux succès, et tu peux profiter comme eux du bonheur du malade, et voir attribuer à tes remèdes tout ce qui peut venir des faveurs du hasard, et des forces de la nature.

SGANARELLE. – Comment, Monsieur, vous êtes aussi impie en médecine ?

DOM JUAN. – C'est une des grandes erreurs qui soit parmi les hommes.

SGANARELLE. – Quoi, vous ne croyez pas au séné, ni à la casse[3], ni au vin émétique[4] ?

DOM JUAN. – Et pourquoi veux-tu que j'y croie ?

SGANARELLE. – Vous avez l'âme bien mécréante. Cependant vous voyez depuis un temps que le vin émétique fait bruire ses fuseaux[5]. Ses miracles ont converti les plus incrédules esprits, et il n'y a pas trois semaines que j'en ai vu, moi qui vous parle, un effet merveilleux.

DOM JUAN. – Et quel ?

SGANARELLE. – Il y avait un homme qui depuis six jours était

---

1. ***À l'aventure*** : au hasard.
2. ***Grimace*** : manœuvre hypocrite, comédie.
3. ***Séné, casse*** : plantes médicinales à vertu purgative.
4. ***Émétique*** : vomitif.
5. ***Fait bruire ses fuseaux*** : fait parler de lui.

à l'agonie, on ne savait plus que lui ordonner, et tous les remèdes ne faisaient rien ; on s'avisa à la fin de lui donner de l'émétique.

DOM JUAN. – Il réchappa, n'est-ce pas ?

SGANARELLE. – Non, il mourut.

DOM JUAN. – L'effet est admirable.

SGANARELLE. – Comment ? il y avait six jours entiers qu'il ne pouvait mourir, et cela le fit mourir tout d'un coup. Voulez-vous rien de plus efficace ?

DOM JUAN. – Tu as raison.

SGANARELLE. – Mais laissons là la médecine où vous ne croyez point, et parlons des autres choses : car cet habit me donne de l'esprit, et je me sens en humeur de disputer contre vous. Vous savez bien que vous me permettez les disputes, et que vous ne me défendez que les remontrances.

DOM JUAN. – Eh bien !

SGANARELLE. – Je veux savoir un peu vos pensées à fond. Est-il possible que vous ne croyiez point du tout au Ciel ?

DOM JUAN. – Laissons cela.

SGANARELLE. – C'est-à-dire que non ; et à l'Enfer ?

DOM JUAN. – Eh.

SGANARELLE. – Tout de même[1] ; et au Diable, s'il vous plaît ?

DOM JUAN. – Oui, oui.

SGANARELLE. – Aussi peu ; ne croyez-vous point l'autre vie ?

DOM JUAN. – Ah, ah, ah.

SGANARELLE. – Voilà un homme que j'aurai bien de la peine à convertir. Et, dites-moi un peu, [le Moine bourru[2], qu'en croyez-vous ? eh !

DOM JUAN. – La peste soit du fat[3].

SGANARELLE. – Et voilà ce que je ne puis souffrir, car il n'y a

---

1. ***Tout de même*** : pas plus.

2. ***Le Moine bourru*** : fantôme qui était censé s'attaquer aux passants dans les jours qui précèdent Noël (croyance populaire).

3. ***Fat*** : prétentieux, sot.

rien de plus vrai que le Moine bourru ; et je me ferais pendre pour celui-là. Mais] encore faut-il croire quelque chose [dans le monde] ; qu'est-ce [donc] que vous croyez ?

DOM JUAN. – Ce que je crois ?

SGANARELLE. – Oui.

DOM JUAN. – Je crois que deux et deux sont quatre, Sganarelle, et que quatre et quatre sont huit.

SGANARELLE. – La belle croyance [et les beaux articles de foi] que voilà ; votre religion, à ce que je vois, est donc l'arithmétique ; il faut avouer qu'il se met d'étranges folies dans la tête des hommes, et que pour avoir bien étudié on est bien moins sage le plus souvent ; pour moi, Monsieur, je n'ai point étudié comme vous, Dieu merci, et personne ne saurait se vanter de m'avoir jamais rien appris, mais avec mon petit sens[1], mon petit jugement, je vois les choses mieux que tous les livres, et je comprends fort bien que ce monde que nous voyons n'est pas un champignon qui soit venu tout seul en une nuit. Je voudrais bien vous demander qui a fait ces arbres-là, ces rochers, cette terre, et ce ciel que voilà là-haut, et si tout cela s'est bâti de lui-même ; vous voilà vous, par exemple, vous êtes là : est-ce que vous vous êtes fait tout seul, et n'a-t-il pas fallu que votre père ait engrossé votre mère pour vous faire ? Pouvez-vous voir toutes les inventions dont la machine de l'homme est composée, sans admirer de quelle façon cela est agencé l'un dans l'autre ? ces nerfs, ces os, ces veines, ces artères, ces… ce poumon, ce cœur, ce foie, et tous ces autres ingrédients qui sont là, et qui… Oh ! dame, interrompez-moi donc si vous voulez, je ne saurais disputer si l'on ne m'interrompt, vous vous taisez exprès, et me laissez parler par belle malice.

DOM JUAN. – J'attends que ton raisonnement soit fini.

SGANARELLE. – Mon raisonnement est qu'il y a quelque chose

1. ***Sens*** : intelligence.

d'admirable dans l'homme, quoi que vous puissiez dire, que tous les savants ne sauraient expliquer ; cela n'est-il pas merveilleux que me voilà ici, et que j'aie quelque chose dans la tête qui pense cent choses différentes en un moment, et fait de mon corps tout ce qu'elle[1] veut ! Je veux frapper des mains, hausser le bras, lever les yeux au ciel, baisser la tête, remuer les pieds, aller à droit, à gauche, en avant, en arrière, tourner…

Il se laisse tomber en tournant.

DOM JUAN. – Bon, voilà ton raisonnement qui a le nez cassé.

SGANARELLE. – Morbleu[2], je suis bien sot de m'amuser à raisonner avec vous ; croyez ce que vous voudrez, il m'importe bien que vous soyez damné !

DOM JUAN. – Mais tout en raisonnant, je crois que nous sommes égarés ; appelle un peu cet homme que voilà là-bas, pour lui demander le chemin.

SGANARELLE. – Holà, ho, l'homme ; ho, mon compère, ho, l'ami, un petit mot s'il vous plaît.

Scène 2

DOM JUAN, SGANARELLE, FRANCISQUE

SGANARELLE. – Enseignez-nous un peu le chemin qui mène à la ville.

LE PAUVRE. – Vous n'avez qu'à suivre cette route, Messieurs, et détourner à main droite quand vous serez au bout de la forêt. Mais je vous donne avis que vous devez vous tenir sur vos gar-

1. « Elle » renvoie à « quelque chose » (cette chose que j'ai dans la tête).
2. ***Morbleu*** : par la mort de Dieu (juron).

des, et que depuis quelque temps, il y a des voleurs ici autour.

DOM JUAN. – Je te suis bien obligé, mon ami, et je te rends grâces de tout mon cœur.

LE PAUVRE. – Si vous vouliez, Monsieur, me secourir de quelque aumône.

DOM JUAN. – Ah, ah, ton avis est intéressé[1] à ce que je vois.

LE PAUVRE. – Je suis un pauvre homme, Monsieur, retiré tout seul dans ce bois depuis dix ans, et je ne manquerai pas de prier le Ciel qu'il vous donne toute sorte de biens.

DOM JUAN. – Eh, prie-le qu'il te donne un habit, sans te mettre en peine des affaires des autres.

SGANARELLE. – Vous ne connaissez pas Monsieur, bonhomme, il ne croit qu'en deux et deux sont quatre, et en quatre et quatre sont huit.

DOM JUAN. – Quelle est ton occupation parmi ces arbres ?

LE PAUVRE. – De prier le Ciel tout le jour pour la prospérité des gens de bien qui me donnent quelque chose.

DOM JUAN. – Il ne se peut donc pas que tu ne sois bien à ton aise ?

LE PAUVRE. – Hélas, Monsieur, je suis dans la plus grande nécessité[2] du monde.

DOM JUAN. – Tu te moques, un homme qui prie le Ciel tout le jour ne peut pas manquer d'être bien dans ses affaires.

LE PAUVRE. – Je vous assure, Monsieur, que le plus souvent je n'ai pas un morceau de pain à mettre sous les dents.

DOM JUAN. – [Voilà qui est étrange, et tu es bien mal reconnu[3] de tes soins ; ah ah,] je m'en vais te donner un louis d'or [tout à l'heure pourvu que tu veuilles jurer[4].

LE PAUVRE. – Ah, Monsieur, voudriez-vous que je commisse un

---

1. ***Intéressé*** : qui recherche un profit.

2. ***Nécessité*** : pauvreté.

3. ***Reconnu*** : récompensé.

4. ***Jurer*** : blasphémer (contre Dieu). Le blasphème était considéré comme un péché mortel faisant perdre à l'âme son droit au paradis.

© Photo Laurencine Lot

■ Dom Juan (Andrzej Seweryn), à droite, le Pauvre (Pierre Vial) et Sganarelle (Thierry Hancisse), derrière, dans la mise en scène de la pièce de Molière par Jacques Lassalle pour la Comédie-Française (reprise, 2002).

tel péché ?

DOM JUAN. – Tu n'as qu'à voir si tu veux gagner un louis d'or[1] ou non, en voici un que je te donne si tu jures ; tiens, il faut jurer.

LE PAUVRE. – Monsieur.

DOM JUAN. – À moins de cela tu ne l'auras pas.

SGANARELLE. – Va, va, jure un peu, il n'y a pas de mal.

DOM JUAN. – Prends, le voilà, prends te dis-je, mais jure donc.

LE PAUVRE. – Non Monsieur, j'aime mieux mourir de faim.

DOM JUAN. – Va, va,] je te le donne pour l'amour de l'humanité[2]. Mais que vois-je là, un homme attaqué par trois autres ? La partie est trop inégale, et je ne dois pas souffrir cette lâcheté.

Il court au lieu du combat.

Scène 3

DOM JUAN, DOM CARLOS, SGANARELLE

SGANARELLE. – Mon maître est un vrai enragé d'aller se présenter à un péril qui ne le cherche pas, mais, ma foi, le secours a servi, et les deux ont fait fuir les trois.

DOM CARLOS, *l'épée à la main.* – On voit par la fuite de ces voleurs de quel secours est votre bras. Souffrez, Monsieur, que je vous rende grâce d'une action si généreuse, et que…

DOM JUAN, *revenant l'épée à la main.* – Je n'ai rien fait, Monsieur, que vous n'eussiez fait en ma place. Notre propre honneur est intéressé dans de pareilles aventures, et l'action de ces coquins était si lâche, que c'eût été y prendre part que de ne

1. Le louis d'or valait deux cents sols, somme importante (voir note 6, p. 64).

2. ***Pour l'amour de l'humanité*** : Dom Juan détourne ici la formule habituelle qui accompagne un don, « pour l'amour de Dieu ».

s'y pas opposer. Mais par quelle rencontre[1] vous êtes-vous trouvé entre leurs mains ?

DOM CARLOS. – Je m'étais par hasard égaré d'un frère, et de tous ceux de notre suite[2], et comme je cherchais à les rejoindre, j'ai fait rencontre de ces voleurs, qui d'abord ont tué mon cheval, et qui sans votre valeur en auraient fait autant de moi.

DOM JUAN. – Votre dessein est-il d'aller du côté de la ville ?

DOM CARLOS. – Oui, mais sans y vouloir entrer ; et nous nous voyons obligés mon frère et moi à tenir la campagne pour une de ces fâcheuses affaires qui réduisent les gentilshommes à se sacrifier eux et leur famille à la sévérité de leur honneur[3], puisque enfin le plus doux succès en est toujours funeste, et que si l'on ne quitte pas la vie, on est contraint de quitter le royaume ; et c'est en quoi je trouve la condition d'un gentilhomme malheureuse, de ne pouvoir point s'assurer sur toute la prudence et toute l'honnêteté de sa conduite, d'être asservi par les lois de l'honneur au dérèglement de la conduite d'autrui, et de voir sa vie, son repos, et ses biens dépendre de la fantaisie du premier téméraire qui s'avisera de lui faire une de ces injures pour qui[4] un honnête homme doit périr.

DOM JUAN. – On a cet avantage qu'on fait courir le même risque, et passer aussi mal le temps à ceux qui prennent fantaisie de nous venir faire une offense de gaieté de cœur. Mais ne serait-ce point une indiscrétion que de vous demander quelle peut être votre affaire ?

DOM CARLOS. – La chose en est aux termes de n'en plus faire de

---

1. ***Rencontre*** : coïncidence.

2. ***Suite*** : domestiques qui accompagnent leur maître.

3. ***Qui réduisent*** [...] ***leur honneur*** : qui obligent les nobles à se sacrifier pour venger leur honneur et celui de leur famille. Dom Carlos parle ici à mots couverts d'un projet de duel dont l'issue ne peut être qu'un « sacrifice » : mourir s'il perd, être poursuivi comme criminel s'il gagne. Depuis Richelieu, le duel était sévèrement puni par le pouvoir royal.

4. ***Pour qui*** : pour lesquelles.

secret[1], et lorsque l'injure a une fois éclaté[2], notre honneur ne va point à vouloir cacher notre honte, mais à faire éclater notre vengeance, et à publier[3] même le dessein que nous en avons. Ainsi, Monsieur, je ne feindrai point de[4] vous dire que l'offense que nous cherchons à venger est une sœur séduite et enlevée d'un couvent, et que l'auteur de cette offense est un Dom Juan Tenorio, fils de Dom Louis Tenorio. Nous le cherchons depuis quelques jours, et nous l'avons suivi ce matin sur le rapport d'un valet, qui nous a dit qu'il sortait à cheval accompagné de quatre ou cinq, et qu'il avait pris le long de cette côte; mais tous nos soins ont été inutiles, et nous n'avons pu découvrir ce qu'il est devenu.

DOM JUAN. – Le connaissez-vous, Monsieur, ce Dom Juan dont vous parlez ?

DOM CARLOS. – Non, quant à moi. Je ne l'ai jamais vu, et je l'ai seulement ouï dépeindre à mon frère[5], mais la renommée n'en dit pas force bien, et c'est un homme dont la vie...

DOM JUAN. – Arrêtez, Monsieur, s'il vous plaît, il est un peu de mes amis, et ce serait à moi une espèce de lâcheté que d'en ouïr dire du mal.

DOM CARLOS. – Pour l'amour de vous, Monsieur, je n'en dirai rien du tout, et c'est bien la moindre chose que je vous doive, après m'avoir sauvé la vie, que de me taire devant vous d'une personne que vous connaissez, lorsque je ne puis en parler sans en dire du mal : mais quelque ami que vous lui soyez, j'ose espérer que vous n'approuverez pas son action, et ne trouverez pas étrange que nous cherchions d'en prendre la

---

1. ***Aux termes de n'en plus faire de secret*** : au point qu'il est inutile de la dissimuler.
2. ***A éclaté*** (au grand jour) : est connue de tous.
3. ***Publier*** : rendre public.
4. ***Je ne feindrai point de*** : je n'hésiterai pas à.
5. ***Je l'ai seulement ouï dépeindre à mon frère*** : j'ai seulement entendu mon frère le décrire.

vengeance.

DOM JUAN. – Au contraire, je vous y veux servir, et vous épargner des soins inutiles ; je suis ami de Dom Juan, je ne puis pas m'en empêcher, mais il n'est pas raisonnable qu'il offense impunément des gentilshommes, et je m'engage à vous faire faire raison[1] par lui.

DOM CARLOS. – Et quelle raison peut-on faire à ces sortes d'injures ?

DOM JUAN. – Toute celle que votre honneur peut souhaiter ; et sans vous donner la peine de chercher Dom Juan davantage, je m'oblige à le faire trouver au lieu que vous voudrez, et quand il vous plaira.

DOM CARLOS. – Cet espoir est bien doux, Monsieur, à des cœurs offensés ; mais après ce que je vous dois, ce me serait une trop sensible douleur que vous fussiez de la partie[2].

DOM JUAN. – Je suis si attaché à Dom Juan, qu'il ne saurait se battre que je ne me batte aussi : mais enfin j'en réponds comme de moi-même, et vous n'avez qu'à dire quand vous voulez qu'il paraisse, et vous donne satisfaction.

DOM CARLOS. – Que ma destinée est cruelle ! Faut-il que je vous doive la vie, et que Dom Juan soit de vos amis !

1. ***Faire raison*** : rendre justice.
2. ***Que vous fussiez de la partie*** : que vous participiez au combat.

Scène 4

Dom Alonse, et trois suivants
Dom Carlos, Dom Juan, Sganarelle

Dom Alonse. – Faites boire là mes chevaux, et qu'on les amène après nous, je veux un peu marcher à pied. Ô Ciel, que vois-je ici ? Quoi, mon frère, vous voilà avec notre ennemi mortel ?

Dom Carlos. – Notre ennemi mortel ?

Dom Juan, *se reculant de trois pas et mettant fièrement la main sur la garde de son épée.* – Oui, je suis Dom Juan moi-même, et l'avantage du nombre ne m'obligera pas à vouloir déguiser mon nom.

Dom Alonse. – Ah, traître, il faut que tu périsses, et…

Dom Carlos. – Ah, mon frère, arrêtez, je lui suis redevable de la vie, et sans le secours de son bras, j'aurais été tué par des voleurs que j'ai trouvés.

Dom Alonse. – Et voulez-vous que cette considération empêche notre vengeance ? Tous les services que nous rend une main ennemie ne sont d'aucun mérite pour engager notre âme[1] ; et s'il faut mesurer l'obligation à l'injure[2], votre reconnaissance, mon frère, est ici ridicule ; et comme l'honneur est infiniment plus précieux que la vie, c'est ne devoir rien proprement, que d'être redevable de la vie à qui nous a ôté l'honneur.

Dom Carlos. – Je sais la différence, mon frère, qu'un gentilhomme doit toujours mettre entre l'un et l'autre, et la reconnaissance de l'obligation[3] n'efface point en moi le ressentiment de l'injure : mais souffrez que je lui rende ici ce qu'il m'a prêté, que je m'acquitte sur-le-champ de la vie que je lui dois par un délai

---

1. ***Engager notre âme*** : nous obliger à la reconnaissance.
2. ***Mesurer l'obligation à l'injure*** : comparer le service rendu par Dom Juan (à Dom Carlos) et son crime (envers Done Elvire).
3. ***Obligation*** : dette.

de notre vengeance[1], et lui laisse la liberté de jouir durant quelques jours du fruit de son bienfait[2].

DOM ALONSE. – Non, non, c'est hasarder notre vengeance que de la reculer, et l'occasion de la prendre peut ne plus revenir ; le Ciel nous l'offre ici, c'est à nous d'en profiter. Lorsque l'honneur est blessé mortellement, on ne doit point songer à garder aucunes mesures, et si vous répugnez à prêter votre bras à cette action, vous n'avez qu'à vous retirer, et laisser à ma main la gloire d'un tel sacrifice.

DOM CARLOS. – De grâce, mon frère...

DOM ALONSE. – Tous ces discours sont superflus ; il faut qu'il meure.

DOM CARLOS. – Arrêtez-vous, dis-je, mon frère, je ne souffrirai point du tout qu'on attaque ses jours[3], et je jure le Ciel que je le défendrai ici contre qui que ce soit, et je saurai lui faire un rempart de cette même vie qu'il a sauvée, et pour adresser vos coups, il faudra que vous me perciez.

DOM ALONSE. – Quoi, vous prenez le parti de notre ennemi contre moi, et loin d'être saisi à son aspect des mêmes transports que je sens, vous faites voir pour lui des sentiments pleins de douceur ?

DOM CARLOS. – Mon frère, montrons de la modération dans une action légitime, et ne vengeons point notre honneur avec cet emportement que vous témoignez. Ayons du cœur dont nous soyons les maîtres, une valeur qui n'ait rien de farouche, et qui se porte aux choses par une pure délibération de notre raison, et non point par le mouvement d'une aveugle colère. Je ne veux point, mon frère, demeurer redevable à mon ennemi, et je lui ai une obligation dont il faut que je m'acquitte avant toute chose. Notre vengeance pour être différée n'en sera pas

1. ***Que je m'acquitte*** [...] ***notre vengeance*** : que je le remercie de m'avoir sauvé la vie en retardant notre vengeance.
2. ***Son bienfait*** : le secours porté à Dom Carlos.
3. ***Ses jours*** : sa vie.

moins éclatante ; au contraire, elle en tirera de l'avantage, et cette occasion de l'avoir pu prendre la fera paraître plus juste aux yeux de tout le monde.

DOM ALONSE. – Ô l'étrange faiblesse, et l'aveuglement effroyable, de hasarder ainsi les intérêts de son honneur pour la ridicule pensée d'une obligation chimérique !

DOM CARLOS. – Non, mon frère, ne vous mettez pas en peine ; si je fais une faute, je saurai bien la réparer, et je me charge de tout le soin de notre honneur ; je sais à quoi il nous oblige, et cette suspension d'un jour que ma reconnaissance lui demande, ne fera qu'augmenter l'ardeur que j'ai de le satisfaire. Dom Juan, vous voyez que j'ai soin de vous rendre le bien que j'ai reçu de vous, et vous devez par là juger du reste, croire que je m'acquitte avec même chaleur de ce que je dois, et que je ne serai pas moins exact[1] à vous payer l'injure que le bienfait. Je ne veux point vous obliger ici à expliquer vos sentiments, et je vous donne la liberté de penser à loisir aux résolutions que vous avez à prendre. Vous connaissez assez la grandeur de l'offense que vous nous avez faite, et je vous fais juge vous-même des réparations qu'elle demande. Il est des moyens doux pour nous satisfaire ; il en est de violents et de sanglants ; mais enfin, quelque choix que vous fassiez, vous m'avez donné parole de me faire faire raison par Dom Juan ; songez à me la faire, je vous prie, et vous ressouvenez[2] que hors d'ici je ne dois plus qu'à mon honneur.

DOM JUAN. – Je n'ai rien exigé de vous, et vous tiendrai ce que j'ai promis.

DOM CARLOS. – Allons, mon frère, un moment de douceur ne fait aucune injure à la sévérité de notre devoir.

---

1. ***Exact*** : consciencieux, zélé.
2. ***Vous ressouvenez*** : souvenez-vous.

Scène 5

DOM JUAN, SGANARELLE

DOM JUAN. – Holà, hé, Sganarelle.

SGANARELLE. – Plaît-il ?

DOM JUAN. – Comment, coquin, tu fuis quand on m'attaque ?

SGANARELLE. – Pardonnez-moi, Monsieur, je viens seulement d'ici près ; je crois que cet habit est purgatif, et que c'est prendre médecine[1] que de le porter.

DOM JUAN. – Peste soit l'insolent, couvre au moins ta poltronnerie d'un voile plus honnête. Sais-tu bien qui est celui à qui j'ai sauvé la vie ?

SGANARELLE. – Moi ? non.

DOM JUAN. – C'est un frère d'Elvire.

SGANARELLE. – Un…

DOM JUAN. – Il est assez honnête homme, il en a bien usé[2], et j'ai regret d'avoir démêlé avec lui.

SGANARELLE. – Il vous serait aisé de pacifier toutes choses[3].

DOM JUAN. – Oui, mais ma passion est usée pour Done Elvire, et l'engagement[4] ne compatit point avec mon humeur. J'aime la liberté en amour, tu le sais, et je ne saurais me résoudre à renfermer mon cœur entre quatre murailles. Je te l'ai dit vingt fois, j'ai une pente naturelle à me laisser aller à tout ce qui m'attire. Mon cœur est à toutes les belles, et c'est à elles à le prendre tour à tour, et à le garder tant qu'elles le pourront. Mais quel est le superbe édifice que je vois entre ces arbres ?

SGANARELLE. – Vous ne le savez pas ?

DOM JUAN. – Non, vraiment.

---

1. ***Prendre médecine*** : prendre un médicament, un purgatif en l'occurrence.

2. ***Il en a bien usé*** : il s'est bien comporté.

3. … « en vous mariant avec Elvire », pourrait dire Sganarelle.

4. ***Engagement*** : mariage.

SGANARELLE. – Bon, c'est le tombeau que le Commandeur faisait faire lorsque vous le tuâtes.

DOM JUAN. – Ah, tu as raison, je ne savais pas que c'était de ce côté-ci qu'il était. Tout le monde m'a dit des merveilles de cet ouvrage, aussi bien que de la statue du Commandeur, et j'ai envie de l'aller voir.

SGANARELLE. – Monsieur, n'allez point là.

DOM JUAN. – Pourquoi ?

SGANARELLE. – Cela n'est pas civil d'aller voir un homme que vous avez tué.

DOM JUAN. – Au contraire, c'est une visite dont je lui veux faire civilité, et qu'il doit recevoir de bonne grâce, s'il est galant homme[1]. Allons, entrons dedans.

Le tombeau s'ouvre, où l'on voit un superbe mausolée et la statue du Commandeur.

SGANARELLE. – Ah, que cela est beau ! les belles statues ! le beau marbre ! les beaux piliers ! ah, que cela est beau, qu'en dites-vous, Monsieur ?

DOM JUAN. – Qu'on ne peut voir aller plus loin l'ambition d'un homme mort ; et ce que je trouve admirable, c'est qu'un homme qui s'est passé[2] durant sa vie d'une assez simple demeure, en veuille avoir une si magnifique pour quand il n'en a plus que faire.

SGANARELLE. – Voici la statue du Commandeur.

DOM JUAN. – Parbleu, le voilà bon[3] avec son habit d'empereur romain.

SGANARELLE. – Ma foi, Monsieur, voilà qui est bien fait. Il semble qu'il est en vie, et qu'il s'en va parler. Il jette des regards sur nous qui me feraient peur si j'étais tout seul, et je pense qu'il ne prend pas plaisir de nous voir.

---

1. ***Galant homme*** : homme du monde, qui a de bonnes manières.
2. ***Passé*** : contenté.
3. ***Bon*** : beau.

DOM JUAN. – Il aurait tort, et ce serait mal recevoir l'honneur que je lui fais. Demande-lui s'il veut venir souper[1] avec moi.

SGANARELLE. – C'est une chose dont il n'a pas besoin, je crois.

DOM JUAN. – Demande-lui, te dis-je.

SGANARELLE. – Vous moquez-vous ? Ce serait être fou que d'aller parler à une statue.

DOM JUAN. – Fais ce que je te dis.

SGANARELLE. – Quelle bizarrerie ! Seigneur Commandeur… je ris de ma sottise, mais c'est mon maître qui me la fait faire. Seigneur Commandeur, mon maître Dom Juan vous demande si vous voulez lui faire l'honneur de venir souper avec lui. *(La Statue baisse la tête.)* Ha !

DOM JUAN. – Qu'est-ce ? qu'as-tu, dis donc, veux-tu parler ?

SGANARELLE *fait le même signe que lui a fait la Statue, et baisse la tête.* – La Statue…

DOM JUAN. – Eh bien, que veux-tu dire, traître ?

SGANARELLE. – Je vous dis que la Statue…

DOM JUAN. – Eh bien, la Statue ? je t'assomme si tu ne parles.

SGANARELLE. – La Statue m'a fait signe.

DOM JUAN. – La peste le coquin.

SGANARELLE. – Elle m'a fait signe, vous dis-je, il n'est rien de plus vrai. Allez-vous-en lui parler vous-même pour voir ; peut-être…

DOM JUAN. – Viens, maraud, viens, je te veux bien faire toucher au doigt ta poltronnerie, prends garde. Le Seigneur Commandeur voudrait-il venir souper avec moi ?

La Statue baisse encore la tête.

SGANARELLE. – Je ne voudrais pas en tenir dix pistoles[2]. Eh bien, Monsieur ?

DOM JUAN. – Allons, sortons d'ici.

SGANARELLE. – Voilà de mes esprits forts qui ne veulent rien croire.

---

1. ***Souper*** : dîner.

2. ***En tenir dix pistoles*** : parier dix pistoles (que le Commandeur ne viendra pas).

■ Louis Jouvet interprétant Dom Juan dans sa propre mise en scène de la pièce au théâtre de l'Athénée, à Paris, en décembre 1947.

Acte IV[1]

Scène première

DOM JUAN, SGANARELLE

DOM JUAN. – Quoi qu'il en soit, laissons cela, c'est une bagatelle, et nous pouvons avoir été trompés par un faux jour, ou surpris de quelque vapeur qui nous ait troublé la vue.

SGANARELLE. – Eh, Monsieur, ne cherchez point à démentir ce que nous avons vu des yeux que voilà. Il n'est rien de plus véritable que ce signe de tête, et je ne doute point que le Ciel, scandalisé de votre vie, n'ait produit ce miracle pour vous convaincre, et pour vous retirer de…

DOM JUAN. – Écoute. Si tu m'importunes davantage de tes sottes moralités, si tu me dis encore le moindre mot là-dessus, je vais appeler quelqu'un, demander un nerf de bœuf[2], te faire tenir par trois ou quatre, et te rouer de mille coups. M'entends-tu bien ?

SGANARELLE. – Fort bien, Monsieur, le mieux du monde, vous vous expliquez clairement, c'est ce qu'il y a de bon en vous, que vous n'allez point chercher de détours, vous dites les choses avec une netteté admirable.

DOM JUAN. – Allons, qu'on me fasse souper le plus tôt que l'on pourra. Une chaise, petit garçon[3].

---

1. Décor pour l'acte IV : « l'appartement de Dom Juan » (Georges Couton, éd. cit.).

2. ***Nerf de bœuf*** : fouet.

3. ***Petit garçon*** : jeune laquais.

Scène 2

DOM JUAN, LA VIOLETTE, SGANARELLE

LA VIOLETTE. – Monsieur, voilà votre marchand[1], Monsieur Dimanche, qui demande à vous parler.

SGANARELLE. – Bon, voilà ce qu'il nous faut qu'[2] un compliment de créancier. De quoi s'avise-t-il de nous venir demander de l'argent, et que ne lui disais-tu que Monsieur n'y est pas ?

LA VIOLETTE. – Il y a trois quarts d'heure que je lui dis, mais il ne veut pas le croire, et s'est assis là-dedans pour attendre.

SGANARELLE. – Qu'il attende tant qu'il voudra.

DOM JUAN. – Non, au contraire, faites-le entrer, c'est une fort mauvaise politique que de se faire celer[3] aux créanciers. Il est bon de les payer de quelque chose, et j'ai le secret de les renvoyer satisfaits sans leur donner un double[4].

Scène 3

DOM JUAN, M. DIMANCHE,
SGANARELLE, SUITE

DOM JUAN, *faisant de grandes civilités*[5]. – Ah, Monsieur Dimanche, approchez. Que je suis ravi de vous voir, et que je veux de mal à mes gens de ne vous pas faire entrer d'abord[6] ! J'avais donné ordre qu'on ne me fît parler personne, mais cet ordre

---

1. ***Marchand*** : commerçant qui faisait souvent crédit.
2. ***Voilà ce qu'il nous faut que*** : il ne nous manquait plus que (ironique).
3. ***Celer*** : cacher.
4. ***Un double*** : voir note 9, p. 64.
5. ***Civilités*** : politesses.
6. ***D'abord*** : tout de suite.

n'est pas pour vous, et vous êtes en droit de ne trouver jamais de porte fermée chez moi.

M. DIMANCHE. – Monsieur, je vous suis fort obligé[1].

DOM JUAN, *parlant à ses laquais.* – Parbleu, coquins, je vous apprendrai à laisser Monsieur Dimanche dans une antichambre, et je vous ferai connaître[2] les gens.

M. DIMANCHE. – Monsieur, cela n'est rien.

DOM JUAN. – Comment ? vous dire que je n'y suis pas, à Monsieur Dimanche, au meilleur de mes amis ?

M. DIMANCHE. – Monsieur, je suis votre serviteur. J'étais venu...

DOM JUAN. – Allons, vite, un siège pour Monsieur Dimanche.

M. DIMANCHE. – Monsieur, je suis bien comme cela.

DOM JUAN. – Point, point, je veux que vous soyez assis contre moi.

M. DIMANCHE. – Cela n'est point nécessaire.

DOM JUAN. – Ôtez ce pliant[3], et apportez un fauteuil.

M. DIMANCHE. – Monsieur, vous vous moquez, et...

DOM JUAN. – Non, non, je sais ce que je vous dois, et je ne veux point qu'on mette de différence entre nous deux.

M. DIMANCHE. – Monsieur...

DOM JUAN. – Allons, asseyez-vous.

M. DIMANCHE. – Il n'est pas besoin, Monsieur, et je n'ai qu'un mot à vous dire. J'étais...

DOM JUAN. – Mettez-vous là, vous dis-je.

M. DIMANCHE. – Non, Monsieur, je suis bien, je viens pour...

DOM JUAN. – Non, je ne vous écoute point si vous n'êtes assis.

M. DIMANCHE. – Monsieur, je fais ce que vous voulez. Je...

DOM JUAN. – Parbleu, Monsieur Dimanche, vous vous portez bien.

M. DIMANCHE. – Oui, Monsieur, pour vous rendre service. Je suis

---

1. ***Obligé*** : reconnaissant.

2. ***Je vous ferai connaître*** : je vous apprendrai à reconnaître.

3. ***Pliant*** : siège pliant.

venu…

DOM JUAN. – Vous avez un fonds de santé admirable, des lèvres fraîches, un teint vermeil, et des yeux vifs.

M. DIMANCHE. – Je voudrais bien…

DOM JUAN. – Comment se porte Madame Dimanche, votre épouse ?

M. DIMANCHE. – Fort bien, Monsieur, Dieu merci.

DOM JUAN. – C'est une brave femme.

M. DIMANCHE. – Elle est votre servante, Monsieur. Je venais…

DOM JUAN. – Et votre petite fille Claudine, comment se porte-t-elle ?

M. DIMANCHE. – Le mieux du monde.

DOM JUAN. – La jolie petite fille que c'est ! je l'aime de tout mon cœur.

M. DIMANCHE. – C'est trop d'honneur que vous lui faites, Monsieur. Je vous…

DOM JUAN. – Et le petit Colin fait-il toujours bien du bruit avec son tambour ?

M. DIMANCHE. – Toujours de même, Monsieur. Je…

DOM JUAN. – Et votre petit chien Brusquet ? gronde-t-il toujours aussi fort, et mord-il toujours bien aux jambes les gens qui vont chez vous ?

M. DIMANCHE. – Plus que jamais, Monsieur, et nous ne saurions en chevir[1].

DOM JUAN. – Ne vous étonnez pas si je m'informe des nouvelles de toute la famille, car j'y prends beaucoup d'intérêt.

M. DIMANCHE. – Nous vous sommes, Monsieur, infiniment obligés. Je…

DOM JUAN, *lui tendant la main.* – Touchez donc là, Monsieur Dimanche. Êtes-vous bien de mes amis ?

M. DIMANCHE. – Monsieur, je suis votre serviteur.

DOM JUAN. – Parbleu, je suis à vous de tout mon cœur.

---

1. ***En chevir*** : le maîtriser.

M. DIMANCHE. – Vous m'honorez trop. Je…

DOM JUAN. – Il n'y a rien que je ne fisse pour vous.

M. DIMANCHE. – Monsieur, vous avez trop de bonté pour moi.

DOM JUAN. – Et cela sans intérêt, je vous prie de le croire.

M. DIMANCHE. – Je n'ai point mérité cette grâce assurément, mais, Monsieur…

DOM JUAN. – Oh, çà, Monsieur Dimanche, sans façon, voulez-vous souper avec moi ?

M. Dimanche. – Non, Monsieur, il faut que je m'en retourne tout à l'heure. Je…

DOM JUAN, *se levant.* – Allons, vite un flambeau pour conduire Monsieur Dimanche, et que quatre ou cinq de mes gens prennent des mousquetons[1] pour l'escorter.

M. DIMANCHE, *se levant de même.* – Monsieur, il n'est pas nécessaire, et je m'en irai bien tout seul. Mais…

Sganarelle ôte les sièges promptement.

DOM JUAN. – Comment ? Je veux qu'on vous escorte, et je m'intéresse trop à votre personne, je suis votre serviteur, et de plus votre débiteur[2].

M. DIMANCHE. – Ah, Monsieur…

DOM JUAN. – C'est une chose que je ne cache pas, et je le dis à tout le monde.

M. DIMANCHE. – Si…

DOM JUAN. – Voulez-vous que je vous reconduise ?

M. DIMANCHE. – Ah, Monsieur, vous vous moquez. Monsieur…

DOM JUAN. – Embrassez-moi donc, s'il vous plaît ; je vous prie encore une fois d'être persuadé que je suis tout à vous, et qu'il n'y a rien au monde que je ne fisse pour votre service. *(Il sort.)*

SGANARELLE. – Il faut avouer que vous avez en Monsieur un homme qui vous aime bien.

M. DIMANCHE. – Il est vrai, il me fait tant de civilités et tant

1. ***Mousquetons*** : fusils.
2. ***Votre débiteur*** : celui qui vous doit de l'argent.

de compliments que je ne saurais jamais lui demander de l'argent.

SGANARELLE. – Je vous assure que toute sa maison[1] périrait pour vous, et je voudrais qu'il vous arrivât quelque chose, que quelqu'un s'avisât de vous donner des coups de bâton, vous verriez de quelle manière…

M. DIMANCHE. – Je le crois, mais, Sganarelle, je vous prie de lui dire un petit mot de mon argent.

SGANARELLE. – Oh, ne vous mettez pas en peine. Il vous paiera le mieux du monde.

M. DIMANCHE. – Mais vous, Sganarelle, vous me devez quelque chose en votre particulier[2].

SGANARELLE. – Fi, ne parlez pas de cela.

M. DIMANCHE. – Comment ? Je…

SGANARELLE. – Ne sais-je pas bien que je vous dois ?

M. DIMANCHE. – Oui, mais…

SGANARELLE. – Allons, Monsieur Dimanche, je vais vous éclairer.

M. DIMANCHE. – Mais mon argent…

SGANARELLE, *prenant Monsieur Dimanche par le bras.* – Vous moquez-vous ?

M. DIMANCHE. – Je veux…

SGANARELLE, *le tirant.* – Eh.

M. DIMANCHE. – J'entends…

SGANARELLE, *le poussant.* – Bagatelles.

M. DIMANCHE. – Mais…

SGANARELLE, *le poussant.* – Fi.

M. DIMANCHE. – Je…

SGANARELLE, *le poussant tout à fait hors du théâtre.* – Fi, vous dis-je.

---

1. ***Sa maison*** : sa maisonnée (famille et domestiques).
2. ***En votre particulier*** : de votre côté.

Scène 4

DOM LOUIS, DOM JUAN, LA VIOLETTE, SGANARELLE

LA VIOLETTE. – Monsieur, voilà Monsieur votre père.

DOM JUAN. – Ah, me voici bien, il me fallait cette visite pour me faire enrager.

DOM LOUIS. – Je vois bien que je vous embarrasse, et que vous vous passeriez fort aisément de ma venue. À dire vrai, nous nous incommodons étrangement[1] l'un et l'autre, et si vous êtes las de me voir, je suis bien las aussi de vos déportements[2]. Hélas, que nous savons peu ce que nous faisons, quand nous ne laissons pas au Ciel le soin des choses qu'il nous faut, quand nous voulons être plus avisés que lui, et que nous venons à l'importuner par nos souhaits aveugles, et nos demandes inconsidérées ! J'ai souhaité un fils avec des ardeurs nonpareilles[3], je l'ai demandé sans relâche avec des transports incroyables, et ce fils que j'obtiens, en fatiguant le Ciel de vœux, est le chagrin et le supplice de cette vie même dont je croyais qu'il devait être la joie et la consolation. De quel œil, à votre avis, pensez-vous que je puisse voir cet amas d'actions indignes dont on a peine aux yeux du monde[4] d'adoucir le mauvais visage, cette suite continuelle de méchantes affaires, qui nous réduisent à toutes heures à lasser les bontés du Souverain, et qui ont épuisé auprès de lui le mérite de mes services, et le crédit de mes amis[5] ? Ah, quelle bassesse est la vôtre ! Ne rougissez-

1. ***Étrangement*** : énormément.
2. ***Vos déportements*** : votre mauvaise conduite.
3. ***Nonpareilles*** : hors du commun.
4. ***Monde*** : société.
5. ***Le crédit de mes amis*** : la faveur dont jouissaient mes amis auprès du roi.

vous point[1] de mériter si peu votre naissance ? Êtes-vous en droit, dites-moi, d'en tirer quelque vanité ? Et qu'avez-vous fait dans le monde pour être gentilhomme ? Croyez-vous qu'il suffise d'en porter le nom et les armes[2], et que ce nous soit une gloire d'être sorti d'un sang noble, lorsque nous vivons en infâmes ? Non, non, la naissance n'est rien où la vertu n'est pas. Aussi nous n'avons part à la gloire de nos ancêtres, qu'autant que nous nous efforçons de leur ressembler, et cet éclat de leurs actions qu'ils répandent sur nous nous impose un engagement de leur faire le même honneur, de suivre les pas qu'ils nous tracent, et de ne point dégénérer de leurs vertus[3], si nous voulons être estimés leurs véritables descendants. Ainsi vous descendez en vain des aïeux dont vous êtes né, ils vous désavouent pour leur sang[4], et tout ce qu'ils ont fait d'illustre ne vous donne aucun avantage, au contraire, l'éclat n'en rejaillit sur vous qu'à[5] votre déshonneur, et leur gloire est un flambeau qui éclaire aux yeux d'un chacun la honte de vos actions. Apprenez enfin qu'un gentilhomme qui vit mal est un monstre dans la nature, que la vertu est le premier titre de noblesse, que je regarde bien moins au nom qu'on signe, qu'aux actions qu'on fait, et que je ferais plus d'état du fils d'un crocheteur[6], qui serait honnête homme, que du fils d'un monarque qui vivrait comme vous.

DOM JUAN. – Monsieur, si vous étiez assis, vous en seriez mieux pour parler.

DOM LOUIS. – Non, insolent, je ne veux point m'asseoir, ni parler davantage, et je vois bien que toutes mes paroles ne font rien

1. ***Ne rougissez-vous point*** : n'avez-vous pas honte.
2. ***Armes*** : armoiries.
3. ***Ne point dégénérer de leurs vertus*** : rester aussi vertueux qu'eux.
4. ***Ils vous désavouent pour leur sang*** : ils vous renient.
5. ***Qu'à*** : que pour.
6. ***Crocheteur*** : manutentionnaire portant des charges à l'aide d'un crochet.

sur ton âme; mais sache, fils indigne, que la tendresse paternelle est poussée à bout par tes actions, que je saurai, plus tôt que tu ne penses, mettre une borne à tes dérèglements, prévenir sur toi le courroux du Ciel[1], et laver par ta punition la honte de t'avoir fait naître. *(Il sort.)*

Scène 5

DOM JUAN, SGANARELLE

DOM JUAN. – Eh, mourez le plus tôt que vous pourrez, c'est le mieux que vous puissiez faire. Il faut que chacun ait son tour, et j'enrage de voir des pères qui vivent autant que leurs fils. *(Il se met dans son fauteuil.)*

SGANARELLE. – Ah, Monsieur, vous avez tort.

DOM JUAN. – J'ai tort ?

SGANARELLE. – Monsieur.

DOM JUAN *se lève de son siège.* – J'ai tort ?

SGANARELLE. – Oui, Monsieur, vous avez tort d'avoir souffert[2] ce qu'il vous a dit, et vous le deviez mettre dehors par les épaules. A-t-on jamais rien vu de plus impertinent ? Un père venir faire des remontrances à son fils, et lui dire de corriger ses actions, de se ressouvenir de sa naissance, de mener une vie d'honnête homme, et cent autres sottises de pareille nature. Cela se peut-il souffrir à[3] un homme comme vous, qui savez comme il faut vivre ? J'admire votre patience, et si j'avais été en votre place, je l'aurais envoyé promener. Ô complaisance maudite, à quoi me réduis-tu ?

DOM JUAN. – Me fera-t-on souper bientôt ?

---

1. ***Prévenir sur toi le courroux du Ciel*** : te punir avant que Dieu le fasse.
2. ***D'avoir souffert*** : d'avoir supporté.
3. ***Se peut-il souffrir à*** : est-il supportable pour.

Scène 6

Dom Juan, Done Elvire,
Ragotin, Sganarelle

Ragotin. – Monsieur, voici une dame voilée qui vient vous parler.

Dom Juan. – Que pourrait-ce être ?

Sganarelle. – Il faut voir.

Done Elvire. – Ne soyez point surpris, Dom Juan, de me voir à cette heure et dans cet équipage[1]. C'est un motif pressant qui m'oblige à cette visite, et ce que j'ai à vous dire ne veut point du tout de retardement. Je ne viens point ici pleine de ce courroux que j'ai tantôt fait éclater, et vous me voyez bien changée de ce que j'étais ce matin. Ce n'est plus cette Done Elvire qui faisait des vœux contre vous, et dont l'âme irritée ne jetait que menaces, et ne respirait que vengeance. Le Ciel a banni de mon âme toutes ces indignes ardeurs que je sentais pour vous, tous ces transports tumultueux d'un attachement criminel, tous ces honteux emportements d'un amour terrestre[2] et grossier, et il n'a laissé dans mon cœur pour vous qu'une flamme épurée de tout le commerce des sens[3], une tendresse toute sainte, un amour détaché de tout, qui n'agit point pour soi, et ne se met en peine que de votre intérêt.

Dom Juan, *à Sganarelle.* – Tu pleures, je pense.

Sganarelle. – Pardonnez-moi.

Done Elvire. – C'est ce parfait et pur amour qui me conduit ici pour votre bien, pour vous faire part d'un avis du Ciel, et tâcher de vous retirer du précipice où vous courez. Oui, Dom Juan, je sais tous les dérèglements de votre vie, et ce

---

1. ***Équipage*** : habit.
2. ***Amour terrestre*** : amour charnel.
3. ***Une flamme épurée de tout le commerce des sens*** : un amour indifférent aux plaisirs charnels.

même Ciel qui m'a touché le cœur, et fait jeter les yeux sur les égarements de ma conduite, m'a inspiré de vous venir trouver, et de vous dire de sa part que vos offenses ont épuisé sa miséricorde, que sa colère redoutable est prête de tomber sur vous, qu'il est en vous[1] de l'éviter par un prompt repentir, et que peut-être vous n'avez pas encore un jour à vous pouvoir soustraire[2] au plus grand de tous les malheurs. Pour moi, je ne tiens plus à vous par aucun attachement du monde. Je suis revenue, grâces au Ciel, de toutes mes folles pensées, ma retraite[3] est résolue, et je ne demande qu'assez de vie pour pouvoir expier la faute que j'ai faite, et mériter par une austère pénitence le pardon de l'aveuglement où m'ont plongée les transports d'une passion condamnable ; mais dans cette retraite, j'aurais une douleur extrême qu'une personne que j'ai chérie tendrement devînt un exemple funeste de la justice du Ciel, et ce me sera une joie incroyable si je puis vous porter à détourner de dessus votre tête l'épouvantable coup qui vous menace. De grâce, Dom Juan, accordez-moi pour dernière faveur cette douce consolation, ne me refusez point votre salut, que je vous demande avec larmes, et si vous n'êtes point touché de votre intérêt, soyez-le au moins de mes prières, et m'épargnez[4] le cruel déplaisir de vous voir condamner à des supplices éternels.

SGANARELLE. – Pauvre femme !

DONE ELVIRE. – Je vous ai aimé avec une tendresse extrême, rien au monde ne m'a été si cher que vous, j'ai oublié mon devoir pour vous, j'ai fait toutes choses pour vous, et toute la récompense que je vous en demande, c'est de corriger votre vie, et de prévenir[5] votre perte. Sauvez-vous je vous prie, ou pour

1. ***En vous*** : en votre pouvoir.
2. ***À vous pouvoir soustraire*** : à pouvoir échapper.
3. ***Retraite*** : le fait de se retirer au couvent.
4. ***M'épargnez*** : évitez-moi.
5. ***Prévenir*** : éviter.

l'amour de vous, ou pour l'amour de moi. Encore une fois, Dom Juan, je vous le demande avec larmes, et si ce n'est assez des larmes d'une personne que vous avez aimée, je vous en conjure par tout ce qui est le plus capable de vous toucher.

SGANARELLE. – Cœur de tigre !

DONE ELVIRE. – Je m'en vais après ce discours, et voilà tout ce que j'avais à vous dire.

DOM JUAN. – Madame, il est tard, demeurez ici, on vous y logera le mieux qu'on pourra.

DONE ELVIRE. – Non, Dom Juan, ne me retenez pas davantage.

DOM JUAN. – Madame, vous me ferez plaisir de demeurer, je vous assure.

DONE ELVIRE. – Non, vous dis-je, ne perdons point de temps en discours superflus, laissez-moi vite aller, ne faites aucune instance pour me conduire[1], et songez seulement à profiter de mon avis.

Scène 7

DOM JUAN, SGANARELLE, SUITE

DOM JUAN. – Sais-tu bien que j'ai encore senti quelque peu d'émotion pour elle, que j'ai trouvé de l'agrément[2] dans cette nouveauté bizarre, et que son habit négligé, son air languissant, et ses larmes ont réveillé en moi quelques petits restes d'un feu éteint ?

SGANARELLE. – C'est-à-dire que ses paroles n'ont fait aucun effet sur vous.

DOM JUAN. – Vite, à souper.

---

1. ***Ne faites aucune instance pour me conduire*** : n'insistez pas pour me raccompagner.
2. ***Agrément*** : plaisir.

SGANARELLE. – Fort bien.

DOM JUAN, *se mettant à table.* – Sganarelle, il faut songer à s'amender[1] pourtant.

SGANARELLE. – Oui-da.

DOM JUAN. – Oui, ma foi, il faut s'amender ; encore vingt ou trente ans de cette vie-ci, et puis nous songerons à nous.

SGANARELLE. – Oh.

DOM JUAN. – Qu'en dis-tu ?

SGANARELLE. – Rien, voilà le souper.

Il prend un morceau d'un des plats qu'on apporte et le met dans sa bouche.

DOM JUAN. – Il me semble que tu as la joue enflée, qu'est-ce que c'est ? parle donc, qu'as-tu là ?

SGANARELLE. – Rien.

DOM JUAN. – Montre un peu, parbleu, c'est une fluxion[2] qui lui est tombée sur la joue, vite une lancette[3] pour percer cela. Le pauvre garçon n'en peut plus, et cet abcès le pourrait étouffer ; attends, voyez comme il était mûr. Ah ! coquin que vous êtes.

SGANARELLE. – Ma foi, Monsieur, je voulais voir si votre cuisinier n'avait point mis trop de sel ou trop de poivre.

DOM JUAN. – Allons, mets-toi là, et mange. J'ai affaire de toi[4] quand j'aurai soupé. Tu as faim à ce que je vois.

SGANARELLE *se met à table.* – Je le crois bien, Monsieur, je n'ai point mangé depuis ce matin. Tâtez de cela, voilà qui est le meilleur du monde. *(Un laquais ôte les assiettes de Sganarelle d'abord qu'il y a[5] dessus à manger.)* Mon assiette, mon assiette ! Tout doux, s'il vous plaît. Vertubleu, petit compère, que vous êtes habile à donner des assiettes nettes[6], et vous, petit la

---

1. ***S'amender*** : se corriger.
2. ***Fluxion*** : gonflement, inflammation.
3. ***Lancette*** : bistouri.
4. ***J'ai affaire de toi*** : je m'occuperai de toi.
5. ***D'abord qu'il y a*** : dès qu'il y a.
6. ***Nettes*** : vides.

Violette, que vous savez présenter à boire à propos !

Pendant qu'un laquais donne à boire à Sganarelle, l'autre laquais ôte encore son assiette.

DOM JUAN. – Qui peut frapper de cette sorte ?

SGANARELLE. – Qui diable nous vient troubler dans notre repas ?

DOM JUAN. – Je veux souper en repos au moins, et qu'on ne laisse entrer personne.

SGANARELLE. – Laissez-moi faire, je m'y en vais moi-même.

DOM JUAN. – Qu'est-ce donc ? Qu'y a-t-il ?

SGANARELLE, *baissant la tête comme a fait la Statue*. – Le... qui est là !

DOM JUAN. – Allons voir, et montrons que rien ne me saurait ébranler[1].

SGANARELLE. – Ah, pauvre Sganarelle, où te cacheras-tu ?

Scène 8

DOM JUAN, LA STATUE DU COMMANDEUR,
qui vient se mettre à table,
SGANARELLE, SUITE

DOM JUAN. – Une chaise et un couvert, vite donc. *(À Sganarelle.)* Allons, mets-toi à table.

SGANARELLE. – Monsieur, je n'ai plus de faim.

DOM JUAN. – Mets-toi là te dis-je. À boire. À la santé du Commandeur ; je te la porte[2], Sganarelle. Qu'on lui donne du vin.

SGANARELLE. – Monsieur, je n'ai pas soif.

DOM JUAN. – Bois et chante ta chanson pour régaler le Commandeur.

SGANARELLE. – Je suis enrhumé, Monsieur.

---

1. *Ébranler* : émouvoir, effrayer.

2. *Je te la porte* : je bois avec toi à sa santé.

DOM JUAN. – Il n'importe, allons. Vous autres venez, accompagnez sa voix.

LA STATUE. – Dom Juan, c'est assez, je vous invite à venir demain souper avec moi, en aurez-vous le courage ?

DOM JUAN. – Oui, j'irai accompagné du seul Sganarelle.

SGANARELLE. – Je vous rends grâce, il est demain jeûne pour moi.

DOM JUAN, *à Sganarelle.* – Prends ce flambeau.

LA STATUE. – On n'a pas besoin de lumière, quand on est conduit par le Ciel.

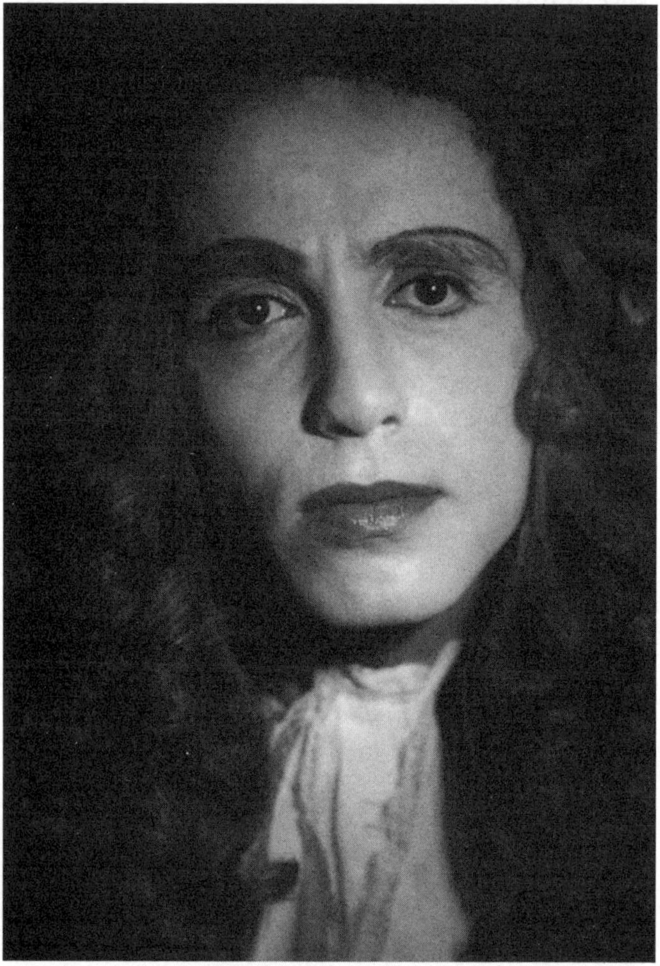

■ Jean-Claude Durand interprète Dom Juan dans la mise en scène d'Antoine Vitez, au théâtre de l'Athénée, à Paris, en 1978.

Acte V[1]

Scène première

DOM LOUIS, DOM JUAN, SGANARELLE

DOM LOUIS. – Quoi, mon fils, serait-il possible que la bonté du Ciel eût exaucé mes vœux ? Ce que vous me dites est-il bien vrai ? ne m'abusez-vous point d'un faux espoir, et puis-je prendre quelque assurance sur[2] la nouveauté surprenante d'une telle conversion[3] ?

DOM JUAN, *faisant l'hypocrite.* – Oui, vous me voyez revenu de toutes mes erreurs, je ne suis plus le même d'hier au soir, et le Ciel tout d'un coup a fait en moi un changement qui va surprendre tout le monde. Il a touché mon âme, et dessillé[4] mes yeux, et je regarde avec horreur le long aveuglement où j'ai été et les désordres criminels de la vie que j'ai menée. J'en repasse dans mon esprit toutes les abominations, et m'étonne comme le Ciel les a pu souffrir[5] si longtemps, et n'a pas vingt fois sur ma tête laissé tomber les coups de sa justice redoutable. Je vois les grâces que sa bonté m'a faites en ne me punissant point de mes crimes, et je prétends en profiter comme je dois, faire écla-

---

1. Décor pour l'acte V : «une campagne, non loin de la ville» (Georges Couton, éd. cit.).

2. ***Prendre quelque assurance sur*** : croire à.

3. ***Conversion*** : retour à une conduite morale et pieuse.

4. ***Dessillé*** : ouvert.

5. ***Souffrir*** : supporter.

ter aux yeux du monde un soudain changement de vie, réparer par là le scandale[1] de mes actions passées, et m'efforcer d'en obtenir du Ciel une pleine rémission[2]. C'est à quoi je vais travailler, et je vous prie, Monsieur, de vouloir bien contribuer à ce dessein, et de m'aider vous-même à faire choix d'une personne qui me serve de guide, et sous la conduite de qui je puisse marcher sûrement dans le chemin où je m'en vais entrer.

DOM LOUIS. – Ah, mon fils, que la tendresse d'un père est aisément rappelée, et que les offenses d'un fils s'évanouissent vite au moindre mot de repentir ! Je ne me souviens plus déjà de tous les déplaisirs que vous m'avez donnés, et tout est effacé par les paroles que vous venez de me faire entendre. Je ne me sens pas[3], je l'avoue, je jette des larmes de joie, tous mes vœux sont satisfaits, et je n'ai plus rien désormais à demander au Ciel. Embrassez-moi, mon fils, et persistez, je vous conjure, dans cette louable pensée. Pour moi, j'en vais tout de ce pas porter l'heureuse nouvelle à votre mère, partager avec elle les doux transports du ravissement où je suis, et rendre grâce au Ciel des saintes résolutions qu'il a daigné vous inspirer.

Scène 2

DOM JUAN, SGANARELLE

SGANARELLE. – Ah, Monsieur, que j'ai de joie de vous voir converti ! Il y a longtemps que j'attendais cela, et voilà, grâce au Ciel, tous mes souhaits accomplis.

DOM JUAN. – La peste, le benêt[4].

---

1. ***Scandale*** : sens religieux ici, incitation au péché par le mauvais exemple.
2. ***Rémission*** : pardon.
3. ***Je ne me sens pas*** : je ne me sens plus de joie.
4. ***Benêt*** : idiot.

SGANARELLE. – Comment, le benêt ?

DOM JUAN. – Quoi ? tu prends pour de bon argent[1] ce que je viens de dire, et tu crois que ma bouche était d'accord avec mon cœur ?

SGANARELLE. – Quoi, ce n'est pas... vous ne... votre... oh ! quel homme ! quel homme ! quel homme !

DOM JUAN. – Non, non, je ne suis point changé, et mes sentiments sont toujours les mêmes.

SGANARELLE. – Vous ne vous rendez pas à[2] la surprenante merveille[3] de cette Statue mouvante et parlante ?

DOM JUAN. – Il y a bien quelque chose là-dedans que je ne comprends pas, mais quoi que ce puisse être, cela n'est pas capable, ni de convaincre mon esprit, ni d'ébranler mon âme, et si j'ai dit que je voulais corriger ma conduite, et me jeter dans un train de vie exemplaire, c'est un dessein que j'ai formé par pure politique[4], un stratagème utile, une grimace nécessaire, où je veux me contraindre pour ménager un père dont j'ai besoin, et me mettre à couvert[5] du côté des hommes de cent fâcheuses aventures qui pourraient m'arriver. Je veux bien, Sganarelle, t'en faire confidence, et je suis bien aise d'avoir un témoin du fond de mon âme et des véritables motifs qui m'obligent à faire les choses.

SGANARELLE. – Quoi ? vous ne croyez rien du tout, et vous voulez cependant vous ériger en homme de bien[6] ?

DOM JUAN. – Et pourquoi non ? Il y en a tant d'autres comme moi qui se mêlent de ce métier, et qui se servent du même masque pour abuser le monde[7].

---

1. ***Tu prends pour de bon argent*** : tu prends au sérieux.
2. ***À*** : devant.
3. ***Merveille*** : miracle.
4. ***Politique*** : calcul.
5. ***Me mettre à couvert*** : me protéger.
6. ***Homme de bien*** : homme vertueux et religieux.
7. Dom Juan vise ici les faux dévots, comme Tartuffe.

SGANARELLE. – Ah, quel homme ! quel homme !

DOM JUAN. – Il n'y a plus de honte maintenant à cela, l'hypocrisie est un vice à la mode, et tous les vices à la mode passent pour vertus. Le personnage d'homme de bien est le meilleur de tous les personnages qu'on puisse jouer aujourd'hui, et la profession d'hypocrite a de merveilleux avantages. C'est un art de qui[1] l'imposture est toujours respectée, et quoiqu'on la découvre, on n'ose rien dire contre elle. Tous les autres vices des hommes sont exposés à la censure, et chacun a la liberté de les attaquer hautement, mais l'hypocrisie est un vice privilégié, qui de sa main[2] ferme la bouche à tout le monde, et jouit en repos d'une impunité souveraine[3]. On lie à force de grimaces une société[4] étroite avec tous les gens du parti[5] ; qui en choque un, se les jette tous sur les bras, et ceux que l'on sait même agir de bonne foi là-dessus[6], et que chacun connaît pour être véritablement touchés : ceux-là, dis-je, sont toujours les dupes des autres, ils donnent hautement dans le panneau des grimaciers[7], et appuient aveuglément les singes de leurs actions. Combien crois-tu que j'en connaisse, qui par ce stratagème ont rhabillé[8] adroitement les désordres de leur jeunesse, qui se sont fait un bouclier du manteau de la religion, et sous cet habit respecté ont la permission d'être les plus méchants hommes du monde ? On a beau savoir leurs intrigues, et les connaître pour ce qu'ils sont, ils ne laissent

1. ***De qui*** : dont.
2. ***De sa main*** : de lui-même.
3. ***Souveraine*** : absolue.
4. ***Société*** : accord, intimité.
5. ***Les gens du parti*** : Molière vise le parti dévot ; cette organisation regroupait des catholiques intransigeants et politiquement influents qui prétendaient diriger les consciences et réformer les mœurs du roi et de ses sujets.
6. ***Que l'on sait même agir de bonne foi là-dessus*** : qui sont sincèrement choqués.
7. ***Grimaciers*** : hypocrites.
8. ***Rhabillé*** : raccommodé.

■ Jean Vilar (debout) interprète Dom Juan dans sa propre mise en scène de la pièce, au Festival d'Avignon, en 1953 ; Daniel Sorano joue Sganarelle.

pas pour cela[1] d'être en crédit[2] parmi les gens, et quelque baissement de tête, un soupir mortifié[3], et deux roulements d'yeux rajustent dans le monde[4] tout ce qu'ils peuvent faire. C'est sous cet abri favorable que je veux me sauver et mettre en sûreté mes affaires. Je ne quitterai point mes douces habitudes, mais j'aurai soin de me cacher, et me divertirai à petit bruit. Que si je viens à être découvert, je verrai sans me remuer prendre mes intérêts à toute la cabale[5], et je serai défendu par elle envers et contre tous. Enfin, c'est là le vrai moyen de faire impunément tout ce que je voudrai. Je m'érigerai en censeur des actions d'autrui, jugerai mal de tout le monde, et n'aurai bonne opinion que de moi. Dès qu'une fois on m'aura choqué tant soit peu, je ne pardonnerai jamais, et garderai tout doucement[6] une haine irréconciliable. Je ferai le vengeur[7] des intérêts du Ciel, et sous ce prétexte commode, je pousserai[8] mes ennemis, je les accuserai d'impiété, et saurai déchaîner contre eux des zélés[9] indiscrets, qui sans connaissance de cause crieront en public contre eux, qui les accableront d'injures, et les damneront hautement de leur autorité privée. C'est ainsi qu'il faut profiter des faiblesses des hommes, et qu'un sage esprit s'accommode aux vices de son siècle.

SGANARELLE. – Ô Ciel ! qu'entends-je ici ? Il ne vous manquait plus que d'être hypocrite pour vous achever de tout point[10], et

---

1. ***Ils ne laissent pas pour cela de*** : cela ne les empêche pas de.
2. ***En crédit*** : considéré, estimé.
3. ***Soupir mortifié*** : soupir de souffrance.
4. ***Dans le monde*** : en société.
5. ***Je verrai*** [...] ***prendre mes intérêts à toute la cabale*** : je verrai toute la cabale prendre mes intérêts. ***Cabale*** : ligue, clique ; ici, le parti dévot.
6. ***Tout doucement*** : en toute discrétion.
7. ***Je ferai le vengeur*** : je jouerai le rôle du vengeur.
8. ***Pousserai*** : harcèlerai.
9. ***Zélés*** : dévoués au parti, fervents.
10. ***Pour vous achever de tout point*** : pour compléter en tout point votre personnage (de méchant homme).

voilà le comble des abominations. Monsieur, cette dernière-ci m'emporte, et je ne puis m'empêcher de parler. Faites-moi tout ce qu'il vous plaira, battez-moi, assommez-moi de coups, tuez-moi, si vous voulez, il faut que je décharge mon cœur, et qu'en valet fidèle je vous dise ce que je dois. Sachez, Monsieur, que tant va la cruche à l'eau, qu'enfin elle se brise : et comme dit fort bien cet auteur que je ne connais pas, l'homme est en ce monde ainsi que l'oiseau sur la branche, la branche est attachée à l'arbre, qui s'attache à l'arbre suit de bons préceptes, les bons préceptes valent mieux que les belles paroles, les belles paroles se trouvent à la Cour. À la Cour sont les courtisans, les courtisans suivent la mode, la mode vient de la fantaisie, la fantaisie[1] est une faculté de l'âme, l'âme est ce qui nous donne la vie, la vie finit par la mort, la mort nous fait penser au Ciel, le Ciel est au-dessus de la terre, la terre n'est point la mer, la mer est sujette aux orages, les orages tourmentent les vaisseaux, les vaisseaux ont besoin d'un bon pilote, un bon pilote a de la prudence, la prudence n'est point dans les jeunes gens, les jeunes gens doivent obéissance aux vieux, les vieux aiment les richesses, les richesses font les riches, les riches ne sont pas pauvres, les pauvres ont de la nécessité[2], nécessité[3] n'a point de loi, qui n'a point de loi vit en bête brute, et par conséquent vous serez damné à tous les diables.

DOM JUAN. – Ô le beau raisonnement !

SGANARELLE. – Après cela, si vous ne vous rendez, tant pis pour vous.

1. ***Fantaisie*** : ici, imagination.
2. ***Nécessité*** : ici, pauvreté.
3. ***Nécessité*** : ici, caractère inévitable.

Scène 3

DOM CARLOS, DOM JUAN, SGANARELLE

DOM CARLOS. – Dom Juan, je vous trouve à propos, et suis bien aise de vous parler ici plutôt que chez vous, pour vous demander vos résolutions[1]. Vous savez que ce soin me regarde[2], et que je me suis en votre présence chargé de cette affaire. Pour moi, je ne le cèle point, je souhaite fort que les choses aillent dans la douceur, et il n'y a rien que je ne fasse pour porter votre esprit à vouloir prendre cette voie, et pour vous voir publiquement confirmer à ma sœur le nom de votre femme.

DOM JUAN, *d'un ton hypocrite.* – Hélas ! je voudrais bien de tout mon cœur vous donner la satisfaction que vous souhaitez, mais le Ciel s'y oppose directement, il a inspiré à mon âme le dessein de changer de vie, et je n'ai point d'autres pensées maintenant que de quitter entièrement tous les attachements du monde[3], de me dépouiller au plus tôt de toutes sortes de vanités[4], et de corriger désormais par une austère conduite tous les dérèglements criminels où m'a porté le feu[5] d'une aveugle jeunesse.

DOM CARLOS. – Ce dessein, Dom Juan, ne choque point ce que je dis, et la compagnie d'une femme légitime peut bien s'accommoder avec les louables pensées que le Ciel vous inspire.

DOM JUAN. – Hélas point du tout, c'est un dessein que votre sœur elle-même a pris, elle a résolu sa retraite, et nous avons été touchés[6] tous deux en même temps.

---

1. ***Résolutions*** : décisions.
2. ***Ce soin me regarde*** : c'est à moi de faire cette démarche.
3. ***Les attachements du monde*** : les devoirs et les plaisirs de la société.
4. ***Vanités*** : choses frivoles et futiles.
5. ***Feu*** : ardeur, emportement.
6. ***Touchés*** : touchés par la grâce.

DOM CARLOS. – Sa retraite ne peut nous satisfaire, pouvant être imputée au mépris que vous feriez d'elle et de notre famille, et notre honneur demande qu'elle vive avec vous.

DOM JUAN. – Je vous assure que cela ne se peut; j'en avais pour moi toutes les envies du monde, et je me suis même encore aujourd'hui conseillé[1] au Ciel pour cela; mais lorsque je l'ai consulté, j'ai entendu une voix qui m'a dit que je ne devais point songer à votre sœur, et qu'avec elle assurément je ne ferais point mon salut.

DOM CARLOS. – Croyez-vous, Dom Juan, nous éblouir par ces belles excuses?

DOM JUAN. – J'obéis à la voix du Ciel.

DOM CARLOS. – Quoi, vous voulez que je me paye d'un semblable discours?

DOM JUAN. – C'est le Ciel qui le veut ainsi.

DOM CARLOS. – Vous aurez fait sortir ma sœur d'un couvent pour la laisser ensuite?

DOM JUAN. – Le Ciel l'ordonne de la sorte.

DOM CARLOS. – Nous souffrirons cette tache en notre famille?

DOM JUAN. – Prenez-vous-en au Ciel.

DOM CARLOS. – Eh quoi, toujours le Ciel?

DOM JUAN. – Le Ciel le souhaite comme cela.

DOM CARLOS. – Il suffit, Dom Juan, je vous entends[2], ce n'est pas ici que je veux vous prendre[3], et le lieu ne le souffre pas[4]; mais avant qu'il soit peu, je saurai vous trouver.

DOM JUAN. – Vous ferez ce que vous voudrez, vous savez que je ne manque point de cœur, et que je sais me servir de mon épée quand il le faut. Je m'en vais passer tout à l'heure dans cette petite rue écartée qui mène au grand couvent, mais je vous

---

1. ***Je me suis conseillé*** : j'ai demandé conseil.
2. ***Je vous entends*** : je comprends votre jeu.
3. ***Vous prendre*** : vous attaquer en duel.
4. ***Ne le souffre pas*** : ne le permet pas.

déclare pour moi que ce n'est point moi qui me veux battre, le Ciel m'en défend la pensée, et si vous m'attaquez, nous verrons ce qui en arrivera.

DOM CARLOS. – Nous verrons, de vrai, nous verrons.

Scène 4

DOM JUAN, SGANARELLE

SGANARELLE. – Monsieur, quel diable de style prenez-vous là ? Ceci est bien pis que le reste, et je vous aimerais bien mieux encore comme vous étiez auparavant, j'espérais toujours de votre salut[1] ; mais c'est maintenant que j'en désespère, et je crois que le Ciel qui vous a souffert jusques ici ne pourra souffrir du tout cette dernière horreur.

DOM JUAN. – Va, va, le Ciel n'est pas si exact[2] que tu penses, et si toutes les fois que les hommes…

SGANARELLE. – Ah, Monsieur, c'est le Ciel qui vous parle, et c'est un avis qu'il vous donne.

DOM JUAN. – Si le Ciel me donne un avis, il faut qu'il parle un peu plus clairement, s'il veut que je l'entende.

1. ***Salut*** : fait d'être sauvé de l'enfer après la mort.
2. ***Exact*** : rigoureux, strict.

Scène 5

DOM JUAN, UN SPECTRE, *en femme voilée*,
SGANARELLE

LE SPECTRE. – Dom Juan n'a plus qu'un moment à pouvoir profiter de la miséricorde du Ciel, et s'il ne se repent ici[1], sa perte est résolue.

SGANARELLE. – Entendez-vous, Monsieur ?

DOM JUAN. – Qui ose tenir ces paroles ? Je crois connaître cette voix.

SGANARELLE. – Ha, Monsieur, c'est un Spectre, je le reconnais au marcher.

DOM JUAN. – Spectre, Fantôme, ou Diable, je veux voir ce que c'est.

Le Spectre change de figure et représente le Temps avec sa faux à la main.

SGANARELLE. – Ô Ciel ! voyez-vous, Monsieur, ce changement de figure ?

DOM JUAN. – Non, non, rien n'est capable de m'imprimer de la terreur, et je veux éprouver avec mon épée si c'est un corps ou un esprit.

Le Spectre s'envole dans le temps que[2] Dom Juan le veut frapper.

SGANARELLE. – Ah, Monsieur, rendez-vous à tant de preuves, et jetez-vous vite dans le repentir.

DOM JUAN. – Non, non, il ne sera pas dit, quoi qu'il arrive, que je sois capable de me repentir ; allons, suis-moi.

---

1. ***Ici*** : tout de suite.
2. ***Dans le temps que*** : au moment où.

Scène 6

LA STATUE, DOM JUAN, SGANARELLE

LA STATUE. – Arrêtez, Dom Juan, vous m'avez hier donné parole de venir manger avec moi.

DOM JUAN. – Oui, où faut-il aller ?

LA STATUE. – Donnez-moi la main.

DOM JUAN. – La voilà.

LA STATUE. – Dom Juan, l'endurcissement[1] au péché traîne[2] une mort funeste, et les grâces du Ciel que l'on renvoie ouvrent un chemin à sa foudre.

DOM JUAN. – Ô Ciel, que sens-je ? un feu invisible me brûle, je n'en puis plus, et tout mon corps devient un brasier ardent, ah !

Le tonnerre tombe avec un grand bruit et de grands éclairs sur Dom Juan, la terre s'ouvre et l'abîme, et il sort de grands feux de l'endroit où il est tombé.

SGANARELLE. – [Ah mes gages[3] ! mes gages !] Voilà par sa mort un chacun satisfait, Ciel offensé, lois violées, filles séduites, familles déshonorées, parents outragés, femmes mises à mal, maris poussés à bout, tout le monde est content ; il n'y a que moi seul de malheureux, qui après tant d'années de service, n'ai point d'autre récompense que de voir à mes yeux l'impiété de mon maître punie par le plus épouvantable châtiment du monde. [Mes gages, mes gages, mes gages !]

1. ***Endurcissement*** : acharnement.
2. ***Traîne*** : entraîne.
3. ***Gages*** : appointements, salaire.

■ Dans cette scène du film *Don Giovanni* (1979) de Joseph Losey, qui propose une adaptation cinématographique de l'opéra de Mozart et du livret de Da Ponte, Ruggero Raimondi campe un Don Juan démoniaque à souhait que brûlent déjà les flammes de l'enfer.

DOSSIER

- Biographie de Molière
- Questionnaire sur l'œuvre
- Réception
- Adaptation
- Interprétation
- Groupement de textes : le thème moral de l'hypocrisie chez Molière

Biographie de Molière

La vocation théâtrale (1622-1643)

Jean-Baptise Poquelin naît le 15 janvier 1622 à Paris. Il est le premier fils de Marie Cressé, qui donnera naissance à quatre autres enfants avant de mourir en 1632, et de Jean Poquelin, marchand tapissier à la cour du roi. De père en fils, les Poquelin héritent de cette prestigieuse fonction qui consiste à décorer les appartements royaux. Tout semble donc prédisposer l'aîné de cette famille bourgeoise à honorer à son tour cette charge. Pourtant, après de solides études au collège de Clermont[1], illustre institution jésuite, et une licence en droit obtenue à Orléans, le jeune homme signifie à son père – lequel est très déçu – son désir d'embrasser la carrière de saltimbanque et de devenir homme de théâtre. Son grand-père lui a transmis la passion de la scène en l'emmenant voir, enfant, les comédiens de l'Hôtel de Bourgogne et les scènes de la *commedia dell'arte*. En 1642, à la faveur d'un déplacement à Narbonne avec le roi Louis XIII auprès duquel il remplace son père, Jean-Baptiste aurait fait la connaissance d'une comédienne, Madeleine Béjart, venue jouer à la cour du monarque. Avec elle, devenue entre-temps sa maîtresse, et grâce à la part d'héritage qu'il a reçue à sa majorité, il fonde la troupe de l'Illustre-Théâtre.

La faillite de l'Illustre-Théâtre (1643-1645)

En 1643, sous le pseudonyme de Molière[2], il prend la direction de cette troupe, vouée à connaître bien des difficultés étant donné la rude concurrence qui règne à Paris entre les différents acteurs profes-

1. ***Collège de Clermont*** : actuel lycée Louis-le-Grand, situé rue Saint-Jacques, à Paris.
2. Aucun biographe ne connaît la raison de ce pseudonyme, dont Molière a, semble-t-il, toujours tu l'origine.

sionnels. Après quelques mois de succès, essentiellement fondé sur son répertoire tragique, la troupe, installée dans une salle de jeu de paume[1] de la rive gauche, connaît des difficultés financières qui, en juin 1645, mènent Molière à deux reprises en prison pour des séjours de quelques jours. Ces avanies ont raison des ambitions parisiennes de l'Illustre-Théâtre qui disparaît deux ans après sa fondation.

Les débuts en province (1645-1658)

En compagnie de Madeleine et des autres comédiens, Molière intègre la troupe itinérante de Charles Dufresne qui, sous la protection du duc d'Épernon, gouverneur du Languedoc, sillonne le sud de la France pour se produire devant des publics très variés qui apprécient plus la franchise de la farce que la subtilité tragique. Pendant les treize années de cette vie nomade, de Bordeaux à Grenoble et de Lyon à Carcassonne, Molière fréquente toutes les couches de la société, les princes comme les paysans, les bourgeois aisés comme les hobereaux patelins, et fait de précieuses observations sur la nature humaine. Il parfait en outre sa technique de comédien et fourbit ses premières armes d'auteur comique en s'essayant à l'écriture de canevas de farce. En 1655, il est l'auteur de deux comédies : *L'Étourdi* et le *Dépit amoureux*.
Entre-temps, en 1653, le prince de Conti a succédé au duc d'Épernon et, à la cour du château de Pézenas, a pris sous son aile la troupe de Molière. Ancien camarade du comédien au collège de Clermont, ce grand seigneur a subi dans sa jeunesse l'ascendant de la pensée libertine et pourrait bien avoir servi de modèle à Dom Juan. Il entend que ses hôtes divertissent de leurs spectacles les états généraux[2] du sud-ouest de la France. Mais, en 1656, sa spectaculaire conversion

---

1. Le ***jeu de paume***, très à la mode au début du XVIIe siècle, est une activité assez proche de notre tennis actuel ; il se jouait dans de grandes salles couvertes. L'engouement du public pour ce sport faiblissant, certaines salles furent reconverties en théâtre.
2. ***États généraux*** : assemblées politiques régulièrement convoquées par le roi de France en province.

fait de lui un catholique intransigeant et un farouche opposant au théâtre. La troupe est subitement orpheline et privée de subventions.

Le retour à Paris et les premiers succès (1658-1663)

Ce revers de fortune provoque le retour des comédiens à Paris. Grâce à l'entremise de Monsieur, frère de Louis XIV et duc d'Orléans, qui leur a accordé son soutien, Molière et sa troupe ont l'occasion de jouer devant le roi en personne. Si la tragédie choisie, *Nicomède* de Corneille, n'a pas l'heur de plaire au monarque, en revanche, le divertissement comique du *Docteur amoureux* – écrit par Molière et également interprété ce soir-là – lui arrache des éclats de rire. La récompense ne tarde pas : Molière et ses acolytes obtiennent l'autorisation de se produire en alternance avec les Comédiens-Italiens au théâtre du Petit-Bourbon, à côté du Louvre. Le répertoire tragique n'attirant pas les foules parisiennes[1], Molière, qui aurait aimé devenir un tragédien reconnu à l'image de Pierre Corneille, se résigne à l'écriture de nouvelles pièces comiques.

Sa véritable carrière de dramaturge commence alors. En 1659, la pièce *Les Précieuses ridicules* marque son premier véritable succès d'auteur. En stigmatisant les ambitions pédantes d'une certaine société féminine parisienne, sa satire touche juste et révèle un des ridicules de l'esprit du temps. Molière excelle à portraiturer ces femmes qui, sous couvert d'aimer la littérature, développent des manières snob et régentent tout le monde avec affectation. Avec cette pièce, Molière réussit le tour de force de plaire à la fois à un public noble, celui du roi et de ses courtisans, et à la foule bigarrée qui fréquente assidûment son théâtre.

Installé au Palais-Royal, dans un théâtre originellement construit par Richelieu, Molière donne peu de temps après, en 1663, *L'École des*

1. En 1661, *Dom Garcie de Navarre*, la tragi-comédie en cinq actes et en vers qu'a composée Molière, se solde par un échec.

femmes, sa première grande comédie en cinq actes dont le triomphe est à la hauteur du scandale qu'elle suscite. Le sujet, l'éducation des femmes, en est hautement polémique en ces temps de rigorisme patriarcal, et Molière s'attire les foudres de toute une frange conservatrice de l'opinion. On l'accuse de bafouer la sainte institution du mariage et les traditions religieuses. Il est soupçonné de vouloir instiller le goût de l'obscénité et l'irrespect moral à ses jeunes spectatrices. Molière répond aux critiques en écrivant deux comédies : *La Critique de L'École des femmes* et *L'Impromptu de Versailles*.

Le temps des Querelles

Ce climat de polémique ne s'apaise pas, loin s'en faut, avec la création du *Tartuffe* (1664), lors de la grande fête des Plaisirs de l'Île enchantée à Versailles. Déjà alertés par le thème de la précédente pièce de Molière, les dévots organisent une véritable cabale contre ce dramaturge libertin, qu'ils accusent de vouloir discréditer la dévotion sincère sous couvert de dénoncer l'hypocrisie religieuse. Ces catholiques intransigeants ne pardonnent pas au dramaturge d'éclairer par la satire certains dévoiements du zèle religieux. Pour eux, la direction de conscience et la réforme des mœurs sont de saintes nécessités dont nul n'a le droit de se moquer. Malgré la virulence des attaques, notamment en provenance de la Compagnie du Saint-Sacrement[1], le roi, parrain la même année du premier fils de Molière, ne retire pas sa protection aux comédiens. Tout en suspendant leur pièce, il les nomme Troupe officielle du roi. Il faudra attendre cinq ans pour que *Le Tartuffe* soit à nouveau monté.
L'année suivante, en 1665, Molière tente de répliquer à ses pieux ennemis en écrivant *Dom Juan*, qui persiste à dénoncer les dévots hypocrites.

1. ***Compagnie du Saint-Sacrement*** : société religieuse catholique fondée en 1629 dans le but de mener une action sociale caritative ; sa puissance, son culte du secret et sa tendance à organiser des campagnes de dénonciation la rendirent très impopulaire.

Malgré la pension dont il gratifie le dramaturge et ses comédiens, le roi semble céder aux pressions insidieuses des polémistes et préconise sans doute la suspension de la pièce, quelques semaines seulement après la première représentation. Rendu amer par ce défaut de courage politique, Molière crée l'année suivante, en 1666, sa grande et mélancolique comédie du *Misanthrope*, dans laquelle il évoque la victoire de la complaisance sociale sur la vertu de sincérité. Le succès n'est pas au rendez-vous de cette réflexion subtile sur les mœurs du temps et la servilité des courtisans. En outre, Molière connaît au même moment de sérieuses difficultés sentimentales avec sa jeune femme, Armande Béjart, la jeune sœur de Madeleine, qu'il a épousée quelques années plus tôt. Un sordide complot ourdi par ses ennemis fait courir le bruit que cette dernière n'est autre que sa fille. L'état de santé de Molière se détériore alors sensiblement ; la tuberculose dont il est atteint progresse.

Les dernières œuvres

Si le temps des provocations est bel et bien révolu, la créativité dramatique de Molière ne faiblit pas. Aux pointes hardies du *Tartuffe* et de *Dom Juan* succèdent, dans un premier temps, l'ambiguïté du *Misanthrope*, puis des pièces à machines ou des farces divertissantes comme *Amphitryon* et *George Dandin* (1668). Une impressionnante liste de chefs-d'œuvre vient compléter le répertoire de l'auteur, avec notamment les comédies de caractères tels *L'Avare* (1668) et *Les Femmes savantes* (1672), qui dénoncent le pédantisme d'une façon très acerbe, et enfin des comédies-ballets comme *Le Bourgeois gentilhomme*, en 1670. S'il renouvelle le genre dramatique en créant, avec le compositeur Lully[1], un type de spectacle mêlant ambitieusement

---

1. ***Jean-Baptiste Lully*** (1632-1687) : compositeur et courtisan d'origine italienne ; il fut le maître de musique de Louis XIV. Il exerça une profonde influence sur la production musicale de son époque et collabora avec Molière pour la composition de ses comédies-ballets avant de se brouiller avec le dramaturge.

musique, danse et théâtre, Molière ne semble pas prêt à renouer avec l'audace politique de ses précédents sujets. Il s'en tient prudemment à épingler des ridicules de caractère. Ironie du sort : en 1669, *Le Tartuffe*, enfin autorisé, est un triomphe. En 1671, *Les Fourberies de Scapin* constitue un apogée de l'écriture dramatique de Molière, à la fois par la maîtrise de l'intrigue que la pièce révèle et par le sens du spectacle qu'elle développe. Mais Molière est rongé par la tuberculose.

Une mort théâtrale

S'il reste une institution à laquelle Molière n'a pas renoncé à s'attaquer c'est bien la médecine. *Le Malade imaginaire* (1673), comédie-ballet hantée par le spectre de la mort, se moque précisément de ces doctes pédants qui, aux yeux du dramaturge, ne sont bien souvent que de sinistres pitres. À cinquante et un ans, alors que, pour la quatrième fois seulement, il interprète Argan, le héros maniaque et hypocondriaque de cette pièce, il est pris de convulsions sur scène et, au dernier acte, fait un malaise dont il ne se remettra pas. Les médecins, qu'il avait si cruellement raillés, ne lui seront d'aucun secours. Privé de l'absolution d'un prêtre, n'ayant pu renier sa profession impie[1], ce comédien manquera de peu être enterré dans la fosse commune, comme nombre de ses pairs. Grâce à l'intervention de Louis XIV, auprès duquel il n'était pourtant plus en grâce, et à celle d'Armande, venue supplier le monarque, la dépouille de Molière sera inhumée dans une sépulture chrétienne du cimetière de sa paroisse, à Saint-Joseph, près des Halles, mais au cours d'un enterrement nocturne et sans aucun service funèbre.

---

1. Le théâtre, dont le pouvoir de divertissement détourne de la prière et du recueillement, est considéré par la religion chrétienne comme une pratique impie et corruptrice. Quiconque en vit sous l'Ancien Régime s'expose à être excommunié par l'Église.

Questionnaire sur l'œuvre

Pour répondre aux questions suivantes, lisez attentivement la pièce ainsi que la présentation de cette édition.

1. Des trois règles d'unité – unités de temps, de lieu et d'intrigue –, quelle est celle que le dramaturge respecte le moins dans *Dom Juan* ? Vous argumenterez votre réponse.

2. Un « éloge paradoxal » est un discours rhétorique qui entreprend de louer un objet que le sens commun et l'opinion publique blâment ordinairement. Indiquez les trois extraits de la pièce où le personnage en scène prononce un éloge paradoxal. Quel est le thème de chacun d'entre eux ?

3. Par quelle action récurrente se terminent les trois premiers actes de la pièce ?

4. Si l'on étudie la distribution des personnages, il apparaît que la plupart d'entre eux ne font qu'une ou deux apparitions (Gusman, Charlotte, Mathurine, Pierrot, le Pauvre, Monsieur Dimanche, Dom Alonse). Dans combien de scènes au contraire figurent Dom Juan et Sganarelle ? Quelle conclusion pouvez-vous en tirer sur la conduite de l'action ?

5. Dans cette comédie d'un drôle de genre, la bouffonnerie de la farce se mêle au tragique. Relevez deux scènes, l'une à l'acte I et l'autre à l'acte IV, où le rire et la gravité sont étroitement associés.

6. Dans quelle mesure peut-on dire que la première apparition de Dom Juan dans la pièce est un morceau de bravoure dans le domaine de l'éloquence ? Comment le dramaturge s'y prend-il pour convaincre de la virtuosité rhétorique de son personnage ?

7. La parole de Dom Juan est-elle aussi aisée face à Elvire, à la scène suivante (acte I, scène 3) ?

8. Montrez que les trois scènes de l'acte I s'enchaînent très rigoureusement : la première crée l'attente, la deuxième énonce la théorie et la troisième met cette théorie à l'épreuve de la pratique. Quelle conclusion le spectateur est-il invité à en tirer au sujet de la psychologie de Dom Juan ?

9. Une « hypotypose » est un procédé qui décrit et raconte de façon réaliste et vivante un événement qui n'a pas eu lieu sur scène et qui n'est pas représenté directement dans la pièce. En quoi consiste la dimension comique de l'hypotypose au cours de laquelle Pierrot raconte de quelle façon il est venu au secours de Dom Juan pour le sauver de la noyade (première tirade de Pierrot, acte II, scène 1) ?

10. Dom Juan est cerné de menaces, de dangers. La mort accidentelle le guette, la vengeance des hommes l'assaille à chaque instant. Recensez les différents périls auxquels il échappe. Fait-il preuve de courage pour sauver sa vie ?

11. Si, en adoptant le point de vue des paysans, l'acte II permet de faire la satire de la noblesse, il ne présente pas non plus sous un jour idéal la classe sociale à laquelle appartiennent Charlotte, Mathurine et Pierrot. Énoncez les vices et les traits de vilenie morale qui caractérisent ce trio.

12. Après avoir fait la démonstration des mœurs volages et de l'inconstance amoureuse de Dom Juan (actes I et II), le dramaturge met en lumière une autre facette du libertinage de son personnage (acte III, scène 2). Laquelle ?

13. À la scène 3 de l'acte III, Dom Juan accomplit sa seule action héroïque de toute la pièce. En quoi est-elle emblématique de son appartenance à la noblesse ? Quelles seront pour lui les conséquences bénéfiques de cette action ?

14. L'acte suivant est composé d'un défilé de visites importunes qui empêchent Dom Juan et son valet Sganarelle de souper calmement. Montrez que les scènes se succèdent selon un principe d'alternance de registres et d'effets de contrastes.

15. Le début de l'acte V ménage une péripétie psychologique tout à fait inattendue, laquelle ?

16. Dans la scène 2 du même acte, Dom Juan ajoute un nouveau vice à son tableau de chasse. Lequel ?

17. Dans quelle mesure l'éloge de ce vice à la mode constitue-t-il une attaque en règle des milieux dévots ?

18. L'apparition de la statue du Commandeur fait sombrer la pièce dans un tout autre registre. Lequel ?

Réception

Le texte qui suit est un extrait du chapitre « Que le tonnerre écrase Molière ! » du *Roman de Monsieur de Molière* (1932-1933), écrit par Mikhaïl Boulgakov, romancier russe (1891-1940). Il raconte sur un mode narratif la réception dont *Dom Juan* fut l'objet. Nombre des éléments d'information qui le composent figurent dans la présentation de cette édition, mais sur un mode moins anecdotique. Fixez votre mémoire en lisant cette version des faits et répondez aux questions qui suivent l'extrait.

Il se plongea dans l'étude des légendes espagnoles. Se querellant avec sa femme, grognant et toussant, il se penchait sur les *in-folio* et noircissait du papier. L'image d'un séducteur plein de charme, Don Juan Tenorio[1], traversa l'une de ses nuits de veille et se précisa de plus en plus dans son esprit. Il relut la pièce du moine Gabriel Tellez, plus connu sous le pseudonyme de Tirso de Molina, puis les pièces des Italiens sur ce même Don Juan. Le thème avait voyagé dans divers pays et attiré tout un chacun, y compris les Français[2]. Ceux-ci avaient récemment joué à Lyon et à Paris des pièces sur *Don Juan, ou Le Convié de pierre*, transformé en *festin de pierre* par le

1. Voir note 2, p. 26.
2. ***Les Français*** : les comédiens français.

traducteur de la pièce espagnole qui avait fait un contresens sur le mot «*combidado*».

Molière se passionna pour l'histoire et réussit à écrire une très belle pièce à la fin étrange et fantastique : son Dom Juan était englouti par les flammes de l'Enfer.

La première eut lieu le 15 février 1665. Dom Juan était joué par La Grange, son serviteur par Sganarelle-Molière, Pierrot par le comique Hubert, Dom Louis par le boiteux Béjart, Dimanche par Du Croisy, La Ramée par de Brie. Les rôles des deux paysannes séduites par Dom Juan, Charlotte et Mathurine, avaient été confiés à Mme de Brie et Armande, à nouveau enceinte de quatre mois.

Dès la première, *Dom Juan, ou le Festin de pierre* fit mille huit cents livres. Par la suite, les recettes grimpèrent jusqu'à atteindre deux mille quatre cents livres. Les Parisiens sortirent ébranlés de *Dom Juan.* On aurait pu s'attendre qu'après le dur coup que lui avait porté l'affaire du *Tartuffe,* l'auteur se repentît et présentât au public une œuvre entièrement acceptable et qui ne toucherait pas aux principes généraux. Non seulement il n'en fut rien, mais le scandale de *Dom Juan* fut aussi grand, si ce n'est plus, que celui du *Tartuffe.* Et cela surtout parce que la voix de Don Juan tonnait sur la scène, alors que *Tartuffe* n'était malgré tout connu que par une fraction restreinte du public.

Le Dom Juan que Molière avait pris pour héros de sa pièce était un athée résolu et déterminé, mais en même temps un homme extrêmement intelligent, courageux et prodigieusement séduisant malgré ses vices et défauts. Les arguments de Dom Juan étaient acérés comme la pointe d'une épée, et à ce splendide libre penseur Molière opposait son valet Sganarelle, personnage vulgaire et couard.

Les zélateurs de la piété furent accablés, et leur accablement se changea bientôt en fureur. On vit paraître les premiers articles sur *Dom Juan*. Un certain Barbier d'Aucour, qui écrivait sous le pseudonyme de Rochemont, réclama un châtiment exemplaire pour monsieur Molière et évoqua l'empereur Auguste, qui châtia un bouffon qui s'était moqué de Jupiter. Il mentionna aussi un autre empereur romain, Théodose, qui jetait aux bêtes les auteurs comme Molière.

Après Rochemont, un autre écrivain remarqua que ce serait une bonne chose si la foudre frappait l'auteur en même temps que son héros. Puis intervint, pour la dernière fois alors, notre vieille connaissance, le pieux prince de Conti. Il affirma dans une œuvre qu'il avait entièrement consacrée à la comédie et aux acteurs que *Dom Juan* se réclamait ouvertement de l'école de l'athéisme – et il faut admettre que le prince raisonnait très justement en la circonstance.

On ne peut pas en effet, écrivait-il, faire prononcer à Dom Juan des paroles audacieuses, et confier la tâche de défendre la religion et le principe divin à un imbécile de laquais. Dans quelle mesure peut-il donner la réplique à son prestigieux adversaire ? D'une manière générale, les souhaits pour que le directeur du Palais-Royal[1] soit frappé par le feu céleste se multipliaient. Ce qui avait le plus marqué les spectateurs dans la pièce, c'était l'étrange scène dans laquelle un mendiant répondait à Don Juan qui lui demandait quelle était son occupation :

« De prier le Ciel tout le jour pour la prospérité des gens qui me donnent quelque chose. »

Dom Juan faisait alors remarquer que celui qui prie toute la journée ne peut pas vivre mal. Le mendiant avouait cependant qu'il était dans la plus grande nécessité. Dom Juan lui disait alors que ses soins étaient bien mal récompensés par le Ciel et lui proposait un louis d'or, à condition que le pauvre accepte de blasphémer. Le mendiant refusait, et Dom Juan lui donnait malgré tout le louis d'or, « pour l'amour de l'humanité ».

Par cette scène, Molière se mit à dos même ceux qui lui étaient relativement favorables, et la foudre dont l'auteur frappait à la fin son héros ne satisfit personne. En bref, *Dom Juan* ne demeura que peu de temps sur la scène et la pièce fut interdite à la quinzième représentation.

Le Roman de Monsieur de Molière,
trad. Michel Pétris, © Éditions Ivréa, 1997.

---

1. Molière.

Dans cet extrait du roman de Mikhaïl Boulgakov, chaque paragraphe correspond à un moment précis de l'histoire de *Dom Juan*, de la genèse à la réception.

1. Retrouvez les étapes successives de la création de la pièce de Molière en associant chaque paragraphe à un moment précis de la vie de l'œuvre (critique, réaction du public, source, inspiration, etc.).

2. À quel fonds culturel folklorique appartient originellement la légende de Don Juan ?

3. À quel moment de la pièce Boulgakov suggère-t-il que Molière s'est montré le plus original dans son adaptation du mythe ?

4. Comment le romancier s'y prend-il pour transformer toutes ces informations biographiques et littéraires en une véritable matière romanesque ?

5. Un certain suspens peut nous faire craindre le pire concernant les conséquences de la cabale montée contre Molière. Comment Boulgakov suscite-t-il ce suspens et ce *crescendo* dramatique ?

6. Molière a pris soin d'interpréter le personnage de Sganarelle, et pourtant il n'a pas manqué d'être assimilé au personnage de Dom Juan. Relevez les expressions qui prouvent que le public des dévots entend confondre l'auteur avec son héros.

7. Relevez les expressions et les qualificatifs utilisés par l'auteur pour caractériser le personnage de Dom Juan. Qu'en pensez-vous ?

8. Selon l'auteur, quels sont les différents motifs de scandale auprès du public ?

9. Et pourtant, pourquoi peut-on dire que la façon dont la pièce a été accueillie est paradoxale ?

Adaptation

Dans *Les Fleurs du mal* (1857), Baudelaire (1821-1867) consacre un poème à la figure de Don Juan. En projetant le héros de la pièce de Molière dans les Enfers, le poète réconcilie la modernité littéraire du mythe et l'Antiquité classique. C'est pour lui l'occasion de brosser le tableau d'un personnage sublime, qui assume avec un stoïcisme presque inquiétant les conséquences de ses actes et sa damnation toute proche. Cette transposition du mythe dans le paganisme infernal achève de faire de Dom Juan un esprit fort conforme à l'idéal romantique.

Don Juan aux Enfers

Quand Don Juan descendit vers l'onde souterraine
Et lorsqu'il eut donné son obole[1] à Charon,
Un sombre mendiant, l'œil fier comme Antisthène[2],
D'un bras vengeur et fort saisit chaque aviron.

Montrant leurs seins pendants et leurs robes ouvertes,
Des femmes se tordaient sous le noir firmament[3],
Et, comme un grand troupeau de victimes offertes,
Derrière lui traînaient un long mugissement.

Sganarelle en riant lui réclamait ses gages,
Tandis que Don Luis avec un doigt tremblant
Montrait à tous les morts errant sur les rivages
Le fils audacieux qui railla son front blanc[4].

---

1. ***Obole*** : pièce de monnaie que les Anciens plaçaient sous la langue des défunts afin qu'ils acquittent auprès du passeur Charon le prix de leur transport en barque lors de la traversée du Styx pour rejoindre les Enfers.
2. ***Antisthène*** : philosophe grec, de l'époque socratique (V^e^-IVe siècles av. J.-C.), fondateur de l'école cynique, qui enseignait le mépris des richesses et des conventions sociales et prônait un retour à l'ordre de la nature.
3. ***Firmament*** : voûte céleste.
4. ***Front blanc*** : couvert de cheveux blancs, âgé.

Frissonnant sous son deuil, la chaste et maigre Elvire,
Près de l'époux perfide et qui fut son amant,
Semblait lui réclamer un suprême sourire
Où brillât la douceur de son premier serment.

Tout droit dans son armure, un grand homme de pierre[1]
Se tenait à la barre et coupait le flot noir ;
Mais le calme héros, courbé sur sa rapière[2],
Regardait le sillage et ne daignait rien voir.

Les Fleurs du mal, éd. Anne Princen,
GF-Flammarion, coll. « Étonnants Classiques », 2008, p. 73.

1. Baudelaire se souvient avec précision de la pièce de Molière. À quels épisodes dramatiques fait-il référence dans les troisième et quatrième quatrains ? Retrouvez les scènes précises auxquelles correspondent ces allusions.

2. On ne peut douter que cette adaptation du mythe par Baudelaire s'inspire du *Dom Juan* de Molière. Pourtant, le poète commet l'erreur d'évoquer une Elvire « frissonnant sous son deuil ». Avec quelle version antérieure du mythe, dans laquelle l'épouse bafouée est aussi la fille du Commandeur assassiné, confond-il alors ? (Aidez-vous de la présentation pour répondre à cette question.)

3. Dans le premier quatrain, relevez les références culturelles à l'Antiquité et à la mythologie gréco-latine.

4. Le personnage de Charon, le nautonier qui fait passer les âmes des damnés d'une rive à l'autre du Styx, reçoit une obole, c'est-à-dire une pièce, de la part de Don Juan. À quel personnage de la pièce de Molière cette figure fait-elle légitimement penser ?

5. Dites en quoi le symbole de la charité chrétienne est ici renversé.

---

1. ***Grand homme de pierre*** : allusion à la statue du Commandeur qui, à la fin de la pièce, s'anime et foudroie le criminel.
2. ***Rapière*** : longue épée, effilée et tranchante.

6. À la fin de la pièce de Molière, Dom Juan est puni par un châtiment chrétien. Pourquoi peut-on dire qu'il y a un complet renversement de perspective théologique dans la version baudelairienne du mythe ?

7. Dans quelle mesure cette transposition du mythe dans le paganisme antique donne-t-elle une grandeur supplémentaire au personnage de Molière ? Au rang de quel genre de héros le hausse-t-elle ?

Interprétation

Jean Rousset (1910-2002), professeur à l'université de Genève et critique littéraire spécialiste de la littérature du XVIIe siècle, est l'auteur d'une thèse : *La Littérature de l'âge baroque en France, Circé et le Paon*, publiée en 1953. Dans cet ouvrage, devenu un classique de la critique, il montre que la notion de baroque, loin de s'appliquer seulement aux arts plastiques, est pertinente pour qualifier cette forme de littérature qui, au XVIIe siècle, fait la part belle au mouvement, à l'instabilité, à la métamorphose et au décor.
Par son inconstance même, Dom Juan est selon lui un exemple parfait de héros baroque, et la pièce de Molière un sommet de cette esthétique.

Ici se pose, dans la perspective que j'ai adoptée, une dernière question : le *Dom Juan* est-il, ainsi qu'on a pu le prétendre, un accident dans la carrière de Molière, un corps étranger dans son œuvre ?

Il existait entre Molière et un thème reçu du baroque, sinon une affinité totale, du moins une zone de contact, la théâtralité, le goût du jeu dans le jeu, le déguisement, le masque. L'une des dominantes de l'œuvre, ce sont les alternances de la mascarade et du démasquage, de l'envol dans l'illusion et du retour dans la réalité. Ses créatures sont pourvues d'un don aux multiples formes, le don, propre au comédien, d'entrer, à volonté ou sans le savoir, dans un personnage et d'en jouer le rôle, de se donner à soi-même ou aux autres, la comédie. Du Cocu imaginaire au Malade imaginaire, Molière multiplie les «imaginaires», les virtuoses en l'art de construire et souvent d'imposer une image d'eux-mêmes ; comédiens de bonne ou de mauvaise foi, ils donnent pour vrai, les uns ce qu'ils croient réel, les autres ce qu'ils font croire réel.

De ces deux races de déguisés, celle des Jourdains[1] et celle des Scapins, on voit bien à laquelle appartient de droit Dom Juan, bien qu'il ne soit ni valet, ni jeune amoureux monteur de stratagème ; sa place est parmi les comédiens maîtres de leur jeu et imposant un personnage dont ils ne sont pas dupes. Mais c'est surtout avec quelques-unes des grandes créations en ses années centrales, contemporaines de *Dom Juan*, qu'éclatent les affinités ; avec Alceste[2], dont il partage la solitude provocante, l'égocentrisme, le défi jeté au genre humain ; avec Tartuffe, dont il se fait, très légitimement, le sosie ; avec le Jupiter d'*Amphitryon*[3], aventurier suprême, Don Juan de l'Olympe, virtuose sans égal de l'inconstance et du déguisement ; car Jupiter ne se comporte pas autrement avec Alcmène que le Don Juan de Tirso avec Isabelle ou Anna[4], séduisant la femme sous les traits de l'époux dont il est en mesure de revêtir les traits avec une perfection qui n'appartient qu'à lui ; comme tous les Don Juan, Jupiter est l'homme aux «mille cœurs» et il est, par-dessus tout, le comédien fait dieu, le Mascarille[5] de la haute mythologie. Lui non plus n'est pas un étran-

---

1. Jourdain est le personnage principal du *Bourgeois gentilhomme* (1671) qui, entiché de noblesse et avide de considération sociale, tente, avec l'aide de maîtres dont il loue les services, d'acquérir l'éducation d'un gentilhomme. Rongé par l'arrivisme, il ne devient que la dupe ridicule du seigneur Dorante et le bouffon d'une mascarade.

2. Alceste est le héros du *Misanthrope* (1666).

3. Dans cette pièce de Molière, Zeus/Jupiter prend l'apparence d'Amphitryon pour séduire l'épouse de ce dernier, Alcmène.

4. Voir note 1, p. 27.

5. Mascarille est un valet «fourbissime» des comédies de Molière que l'on trouve dans *L'Étourdi*, *Dépit amoureux* et *Les Précieuses ridicules*. Dans cette dernière pièce, il se fait passer pour un galant marquis, plein de bel esprit, dont les grotesques madrigaux ravissent les deux précieuses Cathos et Magdelon.

ger dans l'œuvre de Molière. Il y donne la main à Dom Juan qui s'y trouve en bonne et nombreuse compagnie. Comment Molière n'aurait-il pas fait siens ces merveilleux acteurs ?

La Littérature de l'âge baroque en France,

1. Jean Rousset classe les personnages de Molière en deux catégories : les acteurs conscients, maîtres de leur jeu, et les acteurs inconscients, qui jouent un rôle à leur insu. Quels sont les héros de Molière qui appartiennent selon lui à la première catégorie et ceux qu'il classe dans la seconde ?

2. À l'aide d'un dictionnaire des œuvres, renseignez-vous sur les héros suivants : Argan, Philinte, Harpagon, Magdelon, Cathos et George Dandin, et complétez les listes établies dans la première question. Ces personnages de Molière sont-ils des virtuoses de la comédie ou, au contraire, de médiocres acteurs qui sont la dupe des autres ?

3. Jean Rousset compare Dom Juan à Tartuffe, à Amphitryon mais aussi à Alceste. Quels sont les points communs précis qu'il relève entre le grand seigneur méchant homme et le misanthrope ?

4. Néanmoins n'y a-t-il pas, selon vous, une opposition radicale entre les deux personnages ?

5. D'après Jean Rousset, pour quelle raison Molière a-t-il choisi d'adapter le mythe de Don Juan ? Quelles affinités l'y disposaient ?

Groupement de textes : le thème moral de l'hypocrisie chez Molière

En l'espace de trois ans à peine, Molière compose trois comédies qui toutes traitent de l'hypocrisie : *Le Tartuffe*, en 1664, qui fait très ouvertement la satire des faux dévots, *Dom Juan* qui, l'année suivante, suggère insidieusement que le masque de la piété peut servir de couverture au plus éhonté des libertins, enfin *Le Misanthrope* (1665), qui met en balance la nécessité sociale du mensonge et l'idéal austère de l'absolue sincérité.

Le Tartuffe (1664) : une dénonciation ouverte de l'hypocrisie (acte I, scène 5)

Orgon s'est entiché de Tartuffe, un faux dévot qui vit sous son toit et qui entreprend de tout régenter. À l'éloge qu'il fait de l'hypocrite, dans lequel il célèbre sans mesure le zèle et la vertu de Tartuffe, voici ce que répond son clairvoyant beau-frère Cléante, dans l'espoir de lui déssiller les yeux et d'en appeler à son discernement : trop d'ostentation doit éveiller la suspicion ; la véritable dévotion est discrète.

CLÉANTE

Voilà de vos pareils le discours ordinaire :
Ils veulent que chacun soit aveugle comme eux.
C'est être libertin que d'avoir de bons yeux,
Et qui n'adore pas de vaines simagrées
N'a ni respect ni foi pour les choses sacrées.
Allez, tous vos discours ne me font point de peur ;
Je sais comme je parle, et le Ciel voit mon cœur.

De tous vos façonniers on n'est point les esclaves.
Il est de faux dévots ainsi que de faux braves ;
Et comme on ne voit pas qu'où l'honneur les conduit
Les vrais braves soient ceux qui font beaucoup de bruit,
Les bons et vrais dévots, qu'on doit suivre à la trace,
Ne sont pas ceux aussi qui font tant de grimace.
Hé quoi ! vous ne ferez nulle distinction
Entre l'hypocrisie et la dévotion ?
Vous les voulez traiter d'un semblable langage,
Et rendre même honneur au masque qu'au visage ?
Égaler l'artifice à la sincérité,
Confondre l'apparence avec la vérité,
Estimer le fantôme autant que la personne,
Et la fausse monnaie à l'égal de la bonne ?
Les hommes la plupart sont étrangement faits !
Dans la juste nature on ne les voit jamais ;
La raison a pour eux des bornes trop petites ;
En chaque caractère ils passent ses limites ;
Et la plus noble chose, ils la gâtent souvent
Pour la vouloir outrer et pousser trop avant.
Que cela vous soit dit en passant, mon beau-frère.

Le Tartuffe, éd. Bénédicte Louval,
GF-Flammarion, 1997.

1. Quand Cléante dit, au début de sa tirade, « C'est être libertin que d'avoir de bons yeux,/Et qui n'adore pas de vaines simagrées/N'a ni respect ni foi pour les choses sacrées », contre quelle accusation se défend-il ?

2. À quelle qualité morale Cléante compare-t-il la dévotion authentique ? Quel est leur point commun ?

3. Relevez le champ lexical de la fausseté et de l'hypocrisie et celui de la vérité. Comparez-les.

Dom Juan (1665) : un éloge paradoxal de l'hypocrisie (acte V, scène 2)

Après avoir joué la comédie du fils repenti et pénétré de contrition en présence de son père, Dom Juan, seul avec Sganarelle, tombe le masque et révèle son stratagème. Il se livre à un fervent éloge de l'hypocrisie, ce « vice à la mode » (de « Il n'y a plus de honte maintenant à cela » à « qu'un sage esprit s'accommode aux vices de son siècle », p. 122-124).

1. Quels sont, à en croire Dom Juan, les avantages de l'hypocrisie religieuse ?
2. Dans la pièce, les déclarations d'intention et les grands discours théoriques de Dom Juan précèdent généralement son passage à l'acte (ainsi l'éloge de l'inconstance, acte I, annonce la scène de séduction, acte II). Ici, c'est l'inverse : le spectateur écoute le discours de Dom Juan après l'avoir vu à l'œuvre à la scène précédente. Quel effet cet ordre inversé produit-il sur lui ?
3. Comment le faux dévot s'y prend-il pour écarter de lui tout soupçon ? Sur quelle pratique systématique se fonde son imposture ?

Le Misanthrope : la dispute de l'hypocrite sociable et du sincère misanthrope (acte I, scène 1)

Dès l'ouverture de la pièce, les deux amis que sont Alceste et Philinte se disputent. Le premier reproche au second d'avoir donné, avant le début de l'action, des témoignages d'affection à un personnage qu'il méprise. Les deux hommes s'expliquent et chacun expose sa conception de la vertu sociale. Pour Alceste, il faut être sincère tout le temps, dût-on se froisser avec certains de ses semblables ; pour Philinte, la politesse consiste au contraire à dissimuler ce que l'on pense et à savoir en user hypocritement avec la société.

ALCESTE

Je veux qu'on soit sincère, et qu'en homme d'honneur,
On ne lâche aucun mot qui ne parte du cœur.

PHILINTE

Lorsqu'un homme vous vient embrasser[1] avec joie,
Il faut bien le payer de la même monnoie[2],
Répondre, comme on peut, à ses empressements,
Et rendre offre pour offre, et serments pour serments.

ALCESTE

Non, je ne puis souffrir cette lâche méthode
Qu'affectent la plupart de vos gens à la mode ;
Et je ne hais rien tant que les contorsions
De tous ces grands faiseurs de protestations,
Ces affables donneurs d'embrassades frivoles,
Ces obligeants diseurs d'inutiles paroles,
Qui de civilités avec tous font combat,
Et traitent du même air l'honnête homme et le fat.
Quel avantage a-t-on qu'un homme vous caresse[3],
Vous jure amitié, foi, zèle, estime, tendresse,
Et vous fasse de vous un éloge éclatant,
Lorsque au premier faquin il court en faire autant ?
Non, non, il n'est point d'âme un peu bien située
Qui veuille d'une estime ainsi prostituée ;
Et la plus glorieuse a des régals peu chers,
Dès qu'on voit qu'on nous mêle avec tout l'univers :
Sur quelque préférence, une estime se fonde,
Et c'est n'estimer rien qu'estimer tout le monde.
Puisque vous y donnez, dans ces vices du temps,

---

1. ***Embrasser*** : faire une accolade en signe d'affection, d'amitié.
2. ***De la même monnoie*** : de la même façon.
3. ***Vous caresse*** : vous témoigne de l'amitié.

Morbleu ! vous n'êtes pas pour être de mes gens[1] ;
Je refuse d'un cœur la vaste complaisance
Qui ne fait de mérite aucune différence[2] ;
Je veux qu'on me distingue ; et pour le trancher net,
L'ami du genre humain n'est point du tout mon fait.

PHILINTE

Mais quand on est du monde, il faut bien que l'on rende
Quelques dehors civils que l'usage demande.

ALCESTE

Non, vous dis-je, on devrait châtier, sans pitié,
Ce commerce honteux de semblants d'amitié :
Je veux que l'on soit homme, et qu'en toute rencontre
Le fond de notre cœur dans nos discours se montre,
Que ce soit lui qui parle, et que nos sentiments
Ne se masquent jamais sous de vains compliments.

PHILINTE

Il est bien des endroits où la pleine franchise
Deviendrait ridicule et serait peu permise ;
Et parfois, n'en déplaise à votre austère honneur,
Il est bon de cacher ce qu'on a dans le cœur.
Serait-il à propos et de la bienséance
De dire à mille gens tout ce que d'eux on pense ?
Et quand on a quelqu'un qu'on hait ou qui déplaît,
Lui doit-on déclarer la chose comme elle est ?

Le Misanthrope, éd. Loïc Marcou,
GF-Flammarion, 1997.

---

1. ***Vous n'êtes pas pour être de mes gens*** : vous ne faites pas partie du cercle de mes amis.
2. ***Qui ne fait de mérite aucune différence*** : qui, en fait de mérite, ne fait aucune différence.

1. Quelles sont les thèses respectives des deux protagonistes ?

2. Quels sont les figures de style, les procédés rhétoriques qui trahissent l'emportement du discours d'Alceste ? Étudiez notamment le jeu des pronoms personnels, l'emploi des adverbes, les gradations éventuelles, par comparaison avec ceux de son interlocuteur. Dans quelle mesure peut-on dire qu'Alceste est plus véhément que Philinte ?

3. Quel est, à votre avis, celui des deux personnages auxquels Molière donne raison ? Renseignez-vous sur le dénouement de la pièce. À défaut de condamner l'une ou l'autre de ces deux positions morales, la fin de la pièce suggère qu'une seule d'entre elles est tenable. Laquelle ?

Dernières parutions

Création maquette intérieure :
Sarbacane Design.

Composition : In Folio.

Dépôt légal : mars 2012,
numéro d'édition : L.01EHRN000315.N001.